子育て支援

平塚 儒子 監修／編

時潮社

監修者のことば

First Education
――子どもは、十分な「愛情」と「しつけ」を受けて成長する――

　2010年6月11日に国連子どもの権利委員会から、日本政府に対して、少子化のなかで学校・大学の入学をめぐって、競争する子どもの数が減少しているにもかかわらず過度に競争的な教育となっていて、「不登校」や「ひきこもり」、中退、精神的障害、自殺等が懸念となっているとして、3回目の改善の勧告が出されたのである。

「不登校」問題については、日本の校内暴力の沈静化の後に、1987年より「不登校・ひきこもり」が小学校、中学、高校に現れ始めた。その後に、"ゆとり"教育が出されたが、その批判が高まり、再び"確かな学力の向上のための2002アピール"(「学びのすすめ」)が出され、"ゆとり"教育路線が軌道修正された。

　NHK放送文化研究所の調査によると、現在の高学歴で経済的に余裕のある家庭の親は、学歴低下を危惧する傾向が高く、都市部にある中高一貫校の子どもは、「なんでもないのにイライラする」、「何となく大声を出したい」、「いじめ」を受けることもあると表れている。

　われわれの大阪、京都、愛知、岐阜、長野の小児より中高齢者までの670人の調査によれば、"「不登校」や「ひきこもり」の経験者"は19歳まででは14.4％におよび、20〜29歳で10.5％も認められた。これらの経験者は"ストレス耐性が低く、ひどい心配性で、強い不安感にとらわれやすい"、"物事の善悪や後先も考えずに、思いつきでパッと行動して変わりやすい"、"キレやすく、激しやすく、すぐに治まるかんしゃく、一時にわれを失う"状態が強く現れていた。

　欧米社会からは、日本のストレスの歪みについて、日本のひしめき合う人

口過密社会では、対人関係の摩擦があり、個人の利益の衝突そして凶悪犯罪の大幅な増加などの悪影響が考えられるとされる。しかし、日本における凶悪犯罪率は欧米よりも現在のところは低く、自殺率も東北地方より人口過密都市は低い状態にある。

　近年の若年の無業者（NEET）は、いまだに雇用に結びつかないまま、若年層の二極化が進行している。雇用に関して、若年層の正規雇用と非正規雇用という二つのグループがあり、前者は高い生涯所得と、高い教育・訓練の機会を期待できるのに対し、後者は所得面、将来展望に期待が持てない。

　NHKの放送文化研究所の調査結果より、子どもと親たちは、"今の日本社会は「良い社会」とは思っていない"し、親たちの多くは"日本の将来に明るい見通しが持てない"、中・高校生の６割近くが、"早く大人になりたいと思っていない"と回答している。

　このように"日本の将来は暗いと思っている"親に対し、中高校生は"家にいて楽しい"と回答する者が増加の傾向にあり、その背景は、きびしい親が減り、親子間の意見の対立が少なくなっていて、"家は楽しい"と思われていることが表れている。他方で、「子どもの躾がうまくいっている」と思っている親の子どもに、「勉強の時間が長い」と表れていた。

　私どもの、2009年10月の大阪・愛知の人々の調査から、「親から愛情を受けた」者と「きっちりと躾を受けた」者との間で有意な差が認められた。

　一番ヶ瀬康子は、今日の一般の児童・家庭においても種々な問題を抱えるようになってきている、今後の児童家庭施策は従来のように特定の児童・家庭のみを対象とするのではなく、すべての子どもに健全育成を対象とする施策と同時に、子どもの生活の基盤である家庭やそれを取り巻く地域社会をも視野に入れて対応していく必要がある、と示唆している。

　この考えの根底には、子どもは将来の社会を担う存在であること、家庭や地域社会における育児機能の低下を考えると、子育てに関しては、保護者（家庭）を中心にしつつ、家庭のみに任せることがないように、"日本の子育ては伝承によって地域社会（村、家制度）で育児を支えられてきた"歴史的

経験があったことも表している。

　まずは、愛情溢れる親子関係と幼少期の愛情ある親子の関係から、思春期・成人にかけての自己愛の成長が重要である。社会全体で子どもは「国の宝」として、家庭と社会のパートナーシップのもとに子育ては社会が支援して、社会の子として成長発達させる。そのために、親と子の居住地域社会や地方自治体や国は、適切な環境を与える視点が重要と考えられる。

　2011年2月

平　塚　儒　子

『子育て支援』／目次

監修者のことば ——————————————— 平塚儒子 3

第1章 教育学的意義 ——————————— 平塚儒子 9
　1節　子どもの位置づけの歴史と問題背景　11
　2節　子育ての使命と倫理　17
　3節　日本と英国の家庭教育の違いと日本人の将来　20
　4節　教育学的意義について　24

第2章 医学的意義 ——————————————— 29
　1節　ヒトの発達と成長
　　　——胎児と新生児・乳児・幼児期の発達　平塚儒子　31
　2節　子どもの医学①妊娠から乳幼児までの子どもの成長
　　　　　　　　　　　　　　　　　　　　　巽　典之　38
　3節　子どもの医学②乳幼児期に見られる主な病気　巽　典之　46
　4節　生から死、そしてホリスティックケア
　　　——障害・未病・病気・変性・老化　　　巽　典之　53

第3章 臨床心理学的視点からの子育て支援 — 寺井さち子 57
　1．はじめに　59
　2．胎生期（受精〜280日）の心理学　60
　3．乳児期（1ヶ月〜1歳半）の心理学　62
　4．幼児期前期（1歳半〜3歳前）の心理学　65
　5．幼児期後期（3〜6歳）の心理学　66
　6．児童期（学童期：6〜12歳）の心理学　69

第4章　社会福祉学的・臨床心理学的意義 ―――― 71

- 1節　子育ての不安と解決　　　　　　　　　　石井　守　73
- 2節　子育てにおける高齢者の存在意義
    ――高齢者の教育参加・子育て参加の教育的・社会的意義
    　　　　　　　　　　　　　　　　　　　　　石井拓児　84
- 3節　子ども支援：ニュージーランド・英国に学ぶ　平塚儒子　93
- 4節　幼児期の遊びや過ごし方について　　　　　石井　守　100
- 5節　健康のあり方と孤立しない母子のあり方　　平塚儒子　108
- 6節　子どもの社会力は、大人の関係性より育つ
    　　　　　　　　　　　　　　　平塚儒子・藤本里子　112
- 7節　子育てに絵本を――生きる力を育むために　谷川賀苗　117

第5章　子育て実技 ――――――――――――― 平塚儒子　129

- 1節　子ども（乳幼児）の first aid　131
- 2節　新生児の抱き方・寝かせ方　132
- 3節　乳幼児の衣服の着脱　134
- 4節　子どもの衣服の作成　136
- 5節　おむつの作成　137
- 6節　乳児のおむつ交換　138
- 7節　人工栄養の与え方①調乳　140
- 8節　人工栄養の与え方②離乳食　142
- 9節　乳児の沐浴　144

附　章　不登校・ひきこもり・アレルギーの要因と支援 ― 147

- 1節　青年期を見通した子育て　　　　　　　　石井　守　149
    1．深刻な青年期危機　149
    2．ひきこもりの原因を考える　155

3．ひきこもりから学ぶ「生活力」　163
2節　"おかしな事象・兆候"は生活習慣が原因　　平塚儒子　172
　　1．はじめに　172
　　2．社会参加の困難な若者　173
　　3．現代の自律神経系と免疫系の最近の問題　177
　　4．「ひきこもり」を支援することとは　185

終わりに────────巽　典之、平塚儒子　187

　　　　　　　　　　　　　　装幀　比賀祐介

第1章

教育学的意義

1節　子どもの位置づけの歴史と問題背景

　かつての日本では伝統的な家制度の中にあって、子どもは「家の子」であり、長男は家を継ぎ、次男以下は家を出て、女性は他家に嫁ぐことが、定められた「人の道」であった。明治時代以降で第二次世界大戦が終結するまでは、子どもは「国家の子」として扱われ、そのための教育が拡大されていた。「育児」は女性の取るべき振る舞いのひとつであり、妻が夫に対して、また両親が子どもに対して守るべき道徳的本分が、「良妻賢母であるべき」との規範を明示していたものの、その教本作成を援助した政府は、親の子どもに対する取り扱いの具体的方策については何の助言もしていなかった。すなわち、「孝行」についての厳しい思想的原則的強要があるのみで、理想的な親としての具体的行動規範はなんら示されることがなかった。このことから母親に対する育児に関する教えは、経験を積んだ婦人から若い婦人へ口伝えで教えられるものであったといえる。

　教育に関する勅語としては、「父母ニ孝」「兄弟ニ友」「夫婦相和シ」「朋友相信シ」「恭倹己ヲ持シ」「学ヲ修メ」等々である（明治23年10月30日）。この勅語の内容は今日現代でも、その意義は言葉通りであり、正しくて立派なものとして評価できる。それにもかかわらず「大いに問題あり」とされる点は、教育勅語の基本的教育理念を軍国主義的国民思想改革へと歪曲し、その利用をしいてきたことである。教育勅語は絶対普遍な徳目によって構成されている。

　「どの徳育も、どのような行動をとれば実現できるのかが不明であり、相反する行動も同時に成り立ってしまうところに問題がある」と久保田信之（1998）は表している。また、「日本の育児法に関しては、標準化され合理化されることはなく、古き方法を継承されてきたことにも問題がある」と、E．

F.ボーゲル（1968）が表している。

　1946年4月7日、連合国軍総司令部（GHQ）は第1次米国教育使節団の報告書を公表した。ここでは戦前の日本の教育を否定し、民主主義を基調にした教育改革の必要性を訴え、「6.3.3制の導入」「男女共学」「大学教育の門戸開放」「教育の地方分権」「日本語のローマ字化」などを勧告した。「戦後の教育はこの報告書を受け入れたことから始まり、その施策は現在に至るまで民主主義の『布教者たち』が敷いたそのレールの上を走り続けてきた。是非は別として、その恩恵を受けた日本社会は、高い教育水準を背景に世界屈指の経済大国となった。一方、陰湿ないじめや不登校、ニートの出現など教育現場は新たな課題に直面している」と佐藤学（2006年4月7日毎日新聞）が指摘している。

　戦後の民主化では、子どもは「私の子」として位置づけられてきた。日本における特色は母と子の間の相互依存関係が強いものの、それが「甘え」と関係していることである。母親は、押し付け的、神経過敏的な「教育ママ」「教育ママゴン」のレッテルを恐れるところから、どの母親も「子どもに甘い」、子どもにとって「話せるママ」になっていった。父親も「やさしい父親」であろうと努め、ホワイト・カラー層はゴロゴロとテレビばかり見ているところから、子どもにとって父親は、「たくましい父親」のイメージが低い状態になっているのである。その社会制度が少産世代を生み、団塊の世代がつくったニューファミリー、そして現代の核家族社会から考察して、出生率低下と育児不安の相関関係と親の孤立感との新たな相関性が浮かび上がっている。

　高度経済成長により社会のサイズが拡大した。この時代には学校に行けば大半の子は親に比べてより高い教育の「成功者」になれた。だが就学率が飽和し社会サイズが縮み始めると、一握りの成功者を除き、多くの生徒が「教育段階での失敗者」とならざるを得なくなり、その結果としての失敗者問題に対し、学校はパニックに陥った。それは校内暴力、いじめ、不登校などの形ですべて80年代以降顕著になったものである。自分に、そして自分を取り

巻く社会に未来がないと考える若年者が増加しつつあるこの社会問題は、今こそ私どもは「いかなるところにその原因があるのか」を考えることが重要であろう。

　1961（昭和36）年以降には高度経済成長が到来し核家族化が進み、日本の深刻な労働力不足が生じた。1980年代半ばにはいり社会から求められたのは女性であった。この時代は家電製品の普及によって、家事時間は大幅な短縮となり、女性の社会進出が進行していった。1987（昭和62）年には男女雇用機会均等法の施行があり、これ以後、女性の経済的自立が高まり、女性は社会で責任をもって働くようになり、共稼ぎ家族が急速に増えていった。一方、1969（昭和44）年頃から「かぎっ子」や「シンナー遊びで死者が出る」、授業についていけない「落ちこぼれ」が半数近くにまで増加し、遊び型非行も現れるようになった。1973（昭和48）年、第1次オイルショックがあり、マイホーム主義がはびこったものの、実質的には仕事至上主義で父母は給料稼ぎに追われ、家に取り残された子どもたちが増えた。両親は仕事疲れのために子どもたちと対話する時間が減少し、子どもたちにとっての話し相手はテレビとなった。高校進学率は90％を超えるようになった。

　1976（昭和51）年頃からは、合計特殊出生率の低下、家庭内暴力の増加と社会的猶予を求めるモラトリアム人間（いつまでも子どもでありたいと思う人）が増加した。大量消費と情報化が進み、「外遊び」から「うち遊び」へ、「群れ方」から「孤独へ」と現れ始め、精神的発育の未熟なタイプの人間が増え、「最近は、難しい場面にあったときに、当事者意識がなかったり、当事者になったりすることを嫌う傾向になった」と小此木啓吾が記している。この頃には子どもの群発自殺も現れてきた。

　その後の1978（昭和53）年の第2次オイルショック以後は、非行の低年齢化をきたし集団化が見られ、家庭内の暴力は激化していった。学校内でも暴力と荒れる子どもたちが現れ、金属バットで両親を殺害する事件まで生じていった。合計特殊出生率が平成2年には1.57となり社会にショックを与えた。本来その率が2.1以下になると人口減となるとされるが、その後も単身世帯

表 1． 時代背景と心身相関

	1970〜1974	1975〜1979	1980〜1984
社会問題	71　ドルショック 73　第1次オイルショック 74　狂乱物価 74　戦後初のマイナス成長	79　第2次オイルショック	80　自動車生産台数世界第1位
景　気			不　況（80〜83）
子どもの事件	55　学校に行きたい、行けない 70　校内暴力＋登校拒否＋家庭内暴力 71　落ちこぼれ半数遊び型非行 73　ニューファミリー 74　暴走族、マイホーム主義、高校進学率90％を超す	75　不登校が社会問題、学童の肥満 76　合計特殊出生率の低下、思春期やせ症の増加 77　モラトリアム人間、カラオケ、家庭内暴力の増加、こどもの群発自殺 78　非行の低年齢化、粗暴化、集団化 79　国際児童年、養護学校の義務制、母原病	80　校内暴力・家庭内暴力激化、荒れる子どもたち、金属バット両親殺人事件 81　個性化・多様化の強調、指示待ち世代 82　弱いものいじめ、ネアカ・ネクラ 83　中学生浮浪者襲撃事件、子どもの8割が自室を持つ 84　荒れる学校、教育荒廃、校内暴力からいじめ

第1章　教育学的意義

1985〜1989	1990〜1994	1995〜1998	1999〜2003
85　靖国神社参拝問題、家庭内離婚 87　男女雇用機会均等法施行、新人類、究極 ○円高 ○地価高騰 ○いじめ ○ブランド志向、グルメブーム	90　結婚しないかもしれない症候群 91　湾岸戦争、ソ連崩壊 ○株価暴落 ○地価下落 ○リストラ	95　阪神淡路大震災、無党派層、ボランティア、オウム真理教事件 98　金融破綻、銀行・企業倒産、和歌山毒物殺人事件	99　大手銀行に公的資金投入 99　ユーロ始動 00　IT革命、『官』対『民』 01　貸し剥がし 02　銀行再編成、ノーベル賞ダブル受賞
バブル景気 (86〜91)	平成不況 (91〜)		
85　家庭内離婚、バブル始まる 86　葬式ゴッコ（中学生いじめ自殺事件） 87　男女雇用機会均等法、育児相談センター開設 88　ファミコン症候群 89　子どもの権利条約、児童虐待、口臭防止への関心の高まり、女子高生コンクリート詰め殺人事件	90　少子化（1.57ショック）、オタク族 91　バブルの崩壊、保健室登校 92　不登校児童・生徒数増大、いじめ問題、ドメスティックバイオレンスの用語が定着 93　サッカーブーム、山形県マット死事件、コギャル 94　子どもの権利条約発効、中学生いじめ自殺事件	95　いじめ急増、学校からのドロップアウト急増・不登校 95　スクールカウンセラー派遣 96　たまごっち、援助交際、親父狩り、金属バット長男殺人事件、「生きる力」がいわれるようになった 97　不登校10万人を超える、携帯電話の普及、神戸少年児童連続殺傷事件 98　学級崩壊、ポケモンテレビ失神事件、キレる少年	99　対教師暴力の増加、不況自殺 99　だんご3兄弟 00　佐賀バスジャック事件を発端に「17歳問題」が言われるようになる 00　引きこもり激増、学級崩壊、中・高生の凶悪犯罪

の増加、晩婚化が進み、離婚も増加する結果となって、現在は1.3以下に至っていて、日本の将来に暗雲が垂れ込めている。

　少子化現象は労働人口の減少につながり、社会保障費などの一人当たりの高齢者負担率の増加をもたらし、養育費の高額化をもたらす。しかし社会は女性の再就職が不利な形であり、女性に対し就労の精神的負担、身体的負担、経済的負担は、現在でもすぐには解決されるような状態にはなっていない。このことへの不安から子を持つ親は、生活に疲れ果て、親として感情や欲求を自己統制できなくなり、家族依存から脱却しきれない精神的に未熟な親となった。それらの親にとって、子どもの養育は容易なことではない。「家族の養育機能の低下は、社会の養育機能の低下である」と村上弥生はいみじくも指摘する。

　これからは、少ない子どもを社会の責任として育てると同時に、その恩恵を受ける子どもたちは、その社会的責任を感じて社会に役立つ人になるように、社会と親が協同して親と子どもの教育を進めてゆかねばならないだろう。

参考文献
1) 吉川武彦著『精神保健マニュアル』南山堂、2003年
2) 村上弥生『人間論の21世紀的課題』ナカニシヤ出版、1999年4月
3) E.F.ボーゲル　佐々木徹郎訳「日本人の親子関係と育児様式」「現代のエスプリ」1969年
4) 池本薫著『社会の変化と教育改革』アドバンテージサーバー、1999年
5) 斉藤学「壮大な民主化実験」1946年4月7日米教育使節団報告、毎日新聞、2006年4月7日
6) 久保田信之著『病める現代社会と人間関係』酒井書店、1994年

2節　子育ての使命と倫理

　古くから、女性の取るべき振る舞いについての基準が「孝行」とされてきた。これは逆説的にみれば「個の埋没と犠牲の強制」である。他方、近代的家族は、男女が対等の人格として結婚し家庭をつくる。子育て、そして高齢者との共同生活においても、「個の尊重」と「自由を保証」することが基本となる。ここに矛盾が生じる源がある。

　子どもを孕んだ母親には妊娠中の胎児の問題、乳幼児を抱える母親には、出生すぐの子どもの扱いに不安を感じる。ヒトの妊娠期間は40週であり母体内の臍帯で母子はつながり保護されている。出産を契機に互いに母と子となる。一人すわりができる9ヶ月までは母子ともども肌と肌を合わせていることが多く、愛のある共生関係がつくられる。

　一人立ちができ、一人歩きができるようになると、子どもは徐々に母親から離れて遊べるようになる。しかし走れるようになる2歳までは、母親の姿が視界からなくなると急に不安になる。新生児は、生まれてすぐに対象物をじっと見つめることができる。人の顔を真似することも、酸味・甘みなどの味もわかる。そして、乳児は社会的に誰かに依存せねばならない存在である。この時期、笑みを浮かべる赤子の成長にココロを癒されない母親はいないであろうし、母親自身に自分の子を元気に育てようとの気力が生まれる。

　生まれてからの2年間は、母と子を社会が支えなければ、母親が安定していなければ、子が安定できるはずがない。愛する存在が子の側にいてこそ、子を守り育てることができる。母子間、そして社会との間に信頼関係がむすばれて、子どもは大きなストレスを受けとめることができる。「愛する」の反対は「無視する」ことである。家庭不安や生活不安に脅える母親は、「その不安から精神的に逃れたい」と考える。それができないときに子を憎む。

そのようなことのないように、母が子どもに正面から向き合えるように、大人社会が支援する必要があるだろう。

　幼児期の子どもに対しては、子育て不安と同時に子どもの躾に母親は苦しむ。2歳を過ぎると子どもたちは、自分が好まないことに対して拒否の態度を示す。このときの子ども教育は難しい。「三つ子の魂、百まで」といわれるこの時期は子どもにとってきわめて大切であり、母親や父親の教育や態度が子どもの一生の生き方にまで大きな影響を与える。たとえ子どもが知的に発達しても、情緒的に未成熟な親であっては、その対応がまずかったり過剰すぎたりすると、子どもは不安定な状態に陥りかねない。子どもが生まれたとたん、精神的に幼稚で未成熟な親は、子育てに追われてそれに疲れ、仕事に疲れた体に心労負担をかける。夫婦互いに癒されることを求めるものの、夫婦仲が悪くて家庭が安定していないと、その不満が鬱積する。1～2歳頃に可愛いと感じ子育てに勤しんでいたココロに、子どもが服従しない焦りがつのり、育児不安から児童虐待の道へと向かう場合も少なくない。それは望まれずして生まれた子どもの場合、特にそうである。

　親として、子を養育する能力や方法はもちろん、子への愛着は、妊娠以降、子を育む全過程における親子・母子間の相互作用を通じて形成され獲得されるものだと考えられる。トーマス・ゴードン（1980）は『親業——新しい親子関係の創造』の中で、「親は子育てという親業については素人であり、親業をうまく果たすためには学習と訓練が必要である」と表している。だから社会として、不安に苦しむ親を正しく指導することで、不安を除いてやることができる。それをできるのは人生の先輩たちである。

参考文献

1）村山隆志「子どものストレスと心身症」「月刊 教育と医学」第54巻8号、通巻638号、特集「子どものストレス」慶應義塾大学出版会、2006年8月号

2）E.F.ボーゲル　佐々木徹郎訳「日本人の親子関係と育児様式」「現代の

エスプリ」ぎょうせい、1969年
3）池本薫著『社会の変化と教育改革』アドバンテージサーバー、1999年6月

3節　日本と英国の家庭教育の違いと日本人の将来

　近年日本人の労働志向が集団主義から個人主義へ、とりわけITをはじめとする技術革新は「チームではなく一人ひとりが独立して、する仕事」が増加している。1946年は第1次産業（農林水産）は38.8%で、次いで第3次産業（小売り、金融、サービス業）34.9%、第2次産業（鉱工業）26.3%だった。2001年には第3次産業（小売り、金融、サービス業）66.9%、次いで第2次産業（鉱工業）31.4%、第1次産業（農林水産）は1.7%と急激に変化し移り変わり、伝統指向型から他人指向型に変化しつつある。子ども時代の教育は将来の基礎をつくる重要な意味を持っているわけであるが、親と子の社会に対する思考が変化している中で、今後、親は子育ての目標を将来どこに置くのか、どのような人間になって欲しいのか、つまり将来に目標を定めて、それに向かって前進することが最大の使命であると、子育てについて公的教育も地域社会も家庭教育も模索しなければならない時代である。そこで集団主義の思考の日本と、個人主義の英国の違いについて考える必要がある。

表1．日本と英国の家庭教育の比較

	日本	イギリス
授乳・就寝等の生活時間の躾	比較的緩い	時間を守る
大人と子どもの時間の区別	ともにいることをよしとする	行動、活動の内容によって、大人と子どもの時間を区別する
文字教育	家庭で母親が中心となり教え込む	労働者層は幼児学校中心、中産階級では家庭と幼児学校で学ぶ
母子関係	心理的一体感が強い	言語的関わりを多くする
親子関係	親が情報や意見を発し、子どもは受動的	子どもの自己表現、自発性を尊重

表2．日本とイギリスの幼児教育の機関の特徴

	日本	イギリス
先生一人当たりの幼児数	多い	少ない
子どもの発達観	努力重視、クラス全体のレベルに合わせる	能力を重視、個人差を認める
教育形態	画一的・管理的	言語的、応答的教育
教育の目的	情操教育・社会性の発達	知的教育・社会性の発達
クラスの統制	集団のルールへの従順重視	集団のルールへの従順重視
育みたい子どもの特性	協調性	自発性・能動性

佐藤淑子・日本とイギリスの家庭教育

　日本とイギリスの幼児期の教育を比較すると、日本は集団の中の従順や協調性という自己抑制の発達に価値を置いているのに対して、イギリスでは子どもの主体性や個性という自己主張と、従順という自己抑制の両方の発達に価値を置いていることを佐藤氏は表している。

　一方、大人の日本社会の特徴は集団主義であり、企業をはじめとする旧の家族制度の形態を重んじた終身雇用で運営されて、家族全員が会社に忠誠をはらい所属の意味があった。それぞれのメンバーは所属の中で、人はそれに適合するような行動特性を身につけて安定した生活をしていた。しかし、現在は親子の価値観の差が現れていて、少し成長した中学生の生活の目標について、どのような生き方が望ましいか、価値観調査をした結果では、NHKの生活と意識調査に表れている。中学生は「その日その日を、自由に楽しく過ごす」や「身近な人たちと、なごやかな毎日を送る」が多かった。この生き方は将来のことよりも現在の感情を大事にする考え方であり、これに対して未来志向型の「しっかりと計画を立てて、豊かな生活を築く」や「みんなと力をあわせて、世の中をよくする」と答えた中学生は小数派である。さら

に「その日その日を自由に楽しく過ごす者」に「ほとんど勉強しない」が36％と高く、「しっかりと計画を立てて豊かな生活を築く者」には「ほとんど勉強しない」は19％と低い値であった。この傾向は国民全体でも減少していて、親社会（大人）の生き方が「現在中心」になっていて、「未来志向」は難しい時代といえる。

中学生の生活の目標

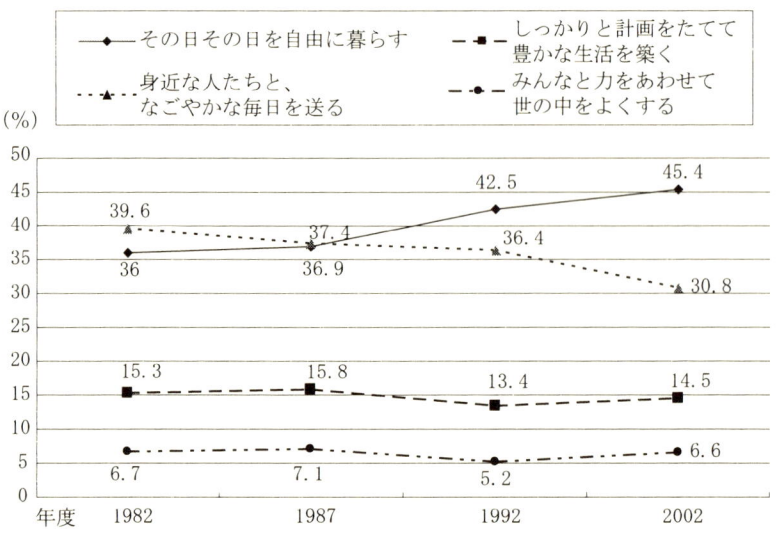

年度	1982	1987	1992	2002
その日その日を自由に暮らす	36	36.9	42.5	45.4
しっかりと計画をたてて豊かな生活を築く	15.3	15.8	13.4	14.5
身近な人たちと、なごやかな毎日を送る	39.6	37.4	36.4	30.8
みんなと力をあわせて世の中をよくする	6.7	7.1	5.2	6.6

2004年9月NHK中学生・高校生の生活と意識調査より作成する。

　現在の日本人の母親は幼児期のしつけが、比較的緩い。間接的な叱り方をして、ほめる・叱るも「黙って見守る」が肯定的であるが、叱りたくない母親側から見ると、叱られた子どもが怒ったり泣いたりすることが母親の大きなストレスとなるとされる。これは情緒的に不安な状態が懸念される。

　未来志向ができる英国の若者は、国家が教育と福祉に責任を持って支援している結果とされる。たとえば「LD：ラーニング・ディサビリティ」は幼児期の早期に支援し、教師の加配による結果、社会に子どもは還元されて社会人として存在している。またNEET（ニート）の教育福祉の支援システム

が確立している結果、現在の失業者は年々減少傾向を示している、これは大いに学ぶべきところがある。

しかしながら、いずれの国の「子どもたち」も最初の教師は親であり、情緒的な安心感のある親との関わりの中で、育まれなければならないと考えられるのである。

4節　教育学的意義について

　日本人の人間関係を考察してみると、不明瞭で曖昧なメカニズムが非常に多く見られる。このような日本社会に生きる子どもたちは、知らず知らずのうちにこのルールの中で生活していくことになる。子どもは大人の顔を読みつつ、自分にとっての重要な人が、今何を考え、何をしようとしているかを考え、自分の行動をコントロールしていかなければならない。しかし過度に子どもの心に「いい子アイデンティティ」を形成させると、人生の破綻に瀕する恐れがあることを宮下一博は指摘している。

　日本人の心情として、「勘や直感や、全体的な印象を重視する捉え方、そして自然でわざとらしさのない考えをよしとする感覚」の中で生きようとする。明瞭より不明瞭の中で「なんとなく」の形で話の内容を把握するほうが居心地よく、選択の幅が狭められずに自由さが大きく確保できると考えられている。これは「絶対的二分法を使わない日本人が好む曖昧さを良しとする健康的な生き方だ」と、町沢静夫（2005）は述べている。

　日本人の人間関係とモラトリアムについて調べてみると、図1で示すように、自分では「何がしたいか決められない」とする者には「人間には関心がない、人間関係も得意ではない」と訴える者が多い。その一方で「何がしたいかは決められる」と訴える者に、「人間に関心があって、人間関係も得意である」とする者がきわめて多いことも事実である。他方、「人間に対する関心や人間関係に関しては、どちらでもない」と曖昧さを訴える者に、「何がしたいか決めることができる」とする者が多く存在している。このことは、日本の若年者の人間関係は、不明瞭な曖昧さの中で自己をコントロールし生活していることがうかがえる。

　日本人の人間関係には「得意とはいいがたい、どちらともいえない」と感

じながら、「自分がしたいことは、自分で決めることができる」という状態が多いのである。かつて、日本文化は受動文化といわれ、自らの主体的なアイデンティティを確立するよりも、他者にとっての「いい子」を意識し、親、教師の期待を一身に受けて、敷かれたレールを歩んでいくことが最良とされていた。その影響から今なお「自分自身の行動が決められない」者の中には、「人間の関心について、どちらでもないとする」者や「人間関係は得意でない」と訴える者も多く存在する。

教育を考えてみると、子どもの自己実現を助けることであり、また自己判断力と自己決定権を持つ個人に対して教育が行われる。教育の目的は一人ひとりの子どもを社会の進歩発達の担い手に育てることである。幼稚園の創始者であるフレーベル（1782-1852）は、「人間はすでに子どものときから主体的な創造活動をする本性を持つと考えられる」と表している。その創造的な自己活動は「表現」とよばれ、子どもはその「表現」を通して自己を発達させていくのである。

図1．日本人の人間関係、人間に関心があって、人間関係は得意である

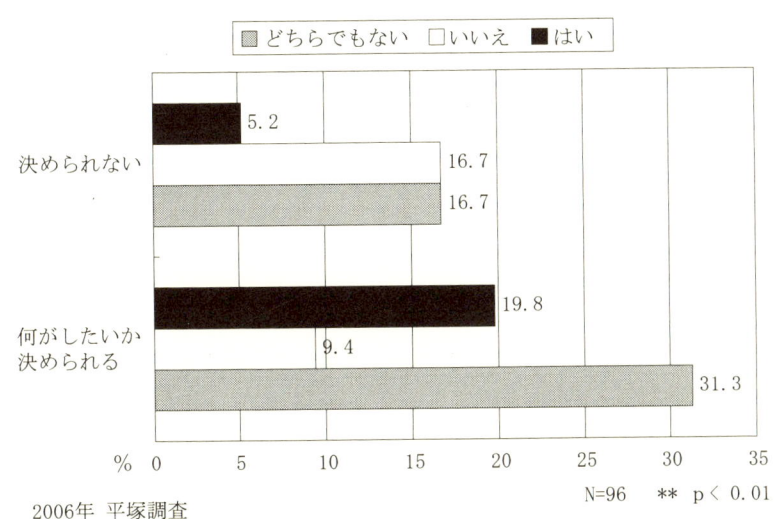

	どちらでもない	いいえ	はい
決められない	16.7	16.7	5.2
何がしたいか決められる	31.3	9.4	19.8

2006年 平塚調査
注 ** χ^2の検定結果 N=96名
N=96 ** $p<0.01$

子どもは学ぶ主体と考えられるので、自発性を尊重する重要性が考えられる。現在の各世代は子ども時代において、自由に「表現」ができていたのであろうか、現在の子どもに何が生じているのであろうか？　その問題は何ゆえであるかなどについて考えてみることは重要である。

1　こころはどうして育つのか
　① 安定した心
　　　知・情・意のバランスが取れていること
　　　自分らしさが大きい
　　　こころが豊かである
　② 自分らしさが育つには
　　　こころの底には欲求がたまり、欲求が大きくなると外からの規範を引き入れるこころの中で欲求と規範が葛藤する
　　　葛藤しながら折り合いをつけ、自分らしさが生まれる
　③ 人間関係の発達
　　　自分よりも年上（親・教師・上司）
　　　自分よりも年下との人間関係（年少の子・下級生・後輩）
　　　自分とほぼ同年の人間関係
　　　人間関係の発達は繰り返しである

2　時代とともに変化する子育て
　新生児・乳児・小児の躾と教育については、時代とともに考え方が変化している。親は子どもに対して、可愛くはあっても養育を母親一人が担うには限界があると考えがちである。育児不安を訴える母親の意識のなかでは、自分の考えと子育ての実態は乖離している。

　ファースト・エデュケーションでは「社会からの孤立感から解放されること」、支援を受けることによって「子育ての仕方を学ぶこと」ができる。一方、子どもは自分の親だけでなく、いろいろな大人に見守られて、「親を育

てる支援」により、育っていくことができる。

3 ファースト・エデュケーションへの期待
　支援のない生育環境の子どもたちに教育的利益をもたらす。
①子どもには安全な環境を提供する。
②親には子育てに対する理解と役割を学ぶ機会を提供する。
③育児不安、虐待そして、不登校、「いじめ」の予防に寄与する。
④多くのコミュニケーションの発達や伝統的な日本文化の伝承にも寄与する。

参考文献
1）町沢静夫著『日本人に合った精神療法とは』日本放送出版協会、2005年
2）尾形和男「子どもをとりまく人間関係」『子どものパーソナリティと社会性の発達』の第1章、北大路書房、2000年5月

（平塚儒子）

第 2 章

医 学 的 意 義

1節　ヒトの発達と成長
胎児と新生児・乳児・幼児期の発達

1．胎児成長のしくみ

1）胎児の月数の数え方

　胎児が母体にいる期間は、最終月経の初日から280日である。

　出産予定月は最終月経月の－3または＋9で、出産予定日は最終月経日＋7である。

　①最終月経5月20日　予定の月＝5－3＝2　予定の日＝20＋7＝27
　　出産予定日は2月27日
　②最終月経5月20日　予定の月＝5＋9＝14→2　予定の日20＋7＝27
　　出産予定日は2月27日

2）胎盤とつわり

　①胎児を取り囲んでいる卵膜と母体側の子宮壁の一部からできている。円盤状の血管に富んでいる約500gで直径15×20cm、厚みは1～2cmである。

　呼吸器、排泄器、栄養素を与える器官である。出産時は胎児を娩出後、胎盤も娩出される。

　つわりは、妊娠初期におこり、妊娠3～4ヶ月に消失する。食物に対する好みの変化として、すっぱいものを好むようになる。さらに、つわりが重くなると嘔気、嘔吐などの症状がある。

3）胎児の成長

　①器官の発生時期

　受精直後は約0.2ミリの大きさだった受精卵は着床して母体から養われる

表1．器官の発生時期

妊娠中の胎児の発育
妊娠1ヶ月：身長約7㎝、尾、鰓(エラ)に似たものがある
妊娠5週：骨格が出来る
妊娠7週：脳が発達し始める
妊娠10週：器官がそろう
妊娠11週：尾が消えて、胴と足が大きくなる
妊娠5ヶ月目の終わりに胎動を感じる
妊娠40週：しわや産毛がなくなる

ようになると、しだいに発育する。細胞群の段階は胎芽といい、胎芽は小さいながら将来、胎児の頭、手足、骨、内臓となる部分を持っている。2ヶ月あたりから人間らしくなり、胎児となる。とりわけ人体の発生期間の2週から8週は重要な器官発生の時期にあたる。

2．新しい生命が生まれる分娩のメカニズム

　精子、卵子の発生から、胎児の成長までに壮大なドラマが展開されてきたが、新たな生命誕生に向けて最後の重大な場面である。

表2．胎児から新生児器官の発生

週							
0							
1							
2							
3	脳						
4		目	心臓				
5				手足			
6					口唇		
7							
8					耳		性器
9							
10						口蓋	
11							
12							

　①お産の経過は分娩第一期は陣痛が始まり、子宮口が開き始めてから全開するまで。次いで第二期は破水し、胎児が産道を通って母体外に出るまでである。第三期は胎児が出生してから、胎盤が娩出される（後産）。

②お産にかかる時間は、初産で平均14時間、経産婦で6～7時間。
　③お産のときに、一番大きい頭が先に出るよう、胎児の頭は下向きになっている。分娩の原理は産道、娩出力、胎児の状況が大切である。子宮収縮（陣痛）が加わり、「いきみ」が加わる。

3．新生児期

1）世界保健機構（WHO）では生後1週までとされる。
　　新生児平均体重は3,000g前後
　　低出生体重児（未熟児）は2,500g以下
　　極低出生体重児は1,000～1,500gないし30週齢児
　　超低出生体重児は1,000g以下ないし28週齢児

2）新生児期および生後数ヶ月に現れる新生児反射は、原始反射が現れる。
　　新生児反射とは新生児および生後数ヶ月の間に見られる反射である。この反射は大脳半球の神経系の発達が不完全なためにおきる。生後数ヶ月以後にみられる場合は、異常である。
　　①モロー反射：上肢を伸ばして手を開く動作をする。
　　②手の握り反射：検査者の拇指で手掌を押すと、拇指をしっかりと握る。
　　③四方反射：口唇のまわりを指で刺激すると、口を刺激した方向に向ける。
　　④吸啜反射：指を口の中に入れると、強く吸う反射を示す。

4．乳児期

　満1歳までをいう。食事は乳汁が主で、発育が盛んで、感染しやすいという特徴がある。

5．幼児期

満1歳から小学校入学までであり、言語の発達や運動機能の発達が目立つ。

6．産褥婦（お母さん）の健康について

①身体の回復を助ける：分娩により生じた子宮その他の変化の回復を助ける。
②乳汁の分泌を促進する：バランスのとれた栄養を取らせ、乳房の手当てと乳汁分泌を促進し母乳栄養の確立を目指す。
③異常の予防と早期発見に努める：産褥期は子宮の復古不全、感染、乳房の異常、妊娠中毒症の後遺症、うつ状態（マタニティ・ブルー）がおこりやすいので、これらを予防する。
④お母さんの気持ちを支える：お母さんの心理状態は不安定である。

7．子どもの成長発達の観察と評価

1）睡眠・水分代謝
　①新生児と乳児期の初期：1日16～20時間、哺乳と排尿・排便は3～4時間ごと
　②幼児期：10～13時間
　③思春期：8～9時間
　④成人：7～8時間

2）水分・カロリー・蛋白質
　新生児、乳児は特に成長が早く、新陳代謝が旺盛で、水分、カロリー、蛋白質の必要量は大である。

表3．水分とカロリー、蛋白質

	水　分	カロリー	蛋白質
乳児期	150ml/kg	100〜120kcal/kg	3.0g/kg
成人	40〜50ml/kg	40〜50kcal/kg	1.0g/kg

3）乳児の発育について

表4．乳児の発達

乳児の発育	関連する発育
2ヶ月：あやすと笑う 3ヶ月：音に反応する	なん語を発して答える 音や光刺激に反応して、目を向け、頭を持ち上げる
4ヶ月：把握運動をする 4〜5ヶ月：首がすわる 5ヶ月：寝返り 6ヶ月：人見知りする 7ヶ月：お座りする 8ヶ月：はいはいする 9ヶ月：つかまり立ち 10ヶ月：マンマという 11ヶ月：伝い歩き 12ヶ月：ひとり立ち、歩く	おもちゃを握る、母親の顔がわかる 離乳の開始の時期
1歳半：コップから飲み、スプーンを使う 2歳：走る。いろいろな動作ができる 　両親以外の人の見分けがつく、物の名前がいえる 3歳：片足で立つ、自分の名前をいい、一人で食事ができる。鉛筆で線、円形などを描く。手を洗い靴を履くことができる。人のまねをする	意味のある言葉を2〜3語を話し始める、パ行、カ行の発音は早く、サ行、タ行は遅れる 禁止・命令がわかる 体重は10kg、身長75cm 体重増加は1年で1.5kg 排尿を予告する（トイレットトレーニング）、上着を脱ぐ はしを使う、自分で歯をみがく、うがいをする、衣服の着脱ができる

3歳半：小便の自立 4歳：比較する。片足で跳ぶ。顔を洗い、拭く。前のボタンをかける。大便の自立 5歳：計算と識字が可能。両足で交互に飛ぶ。はしの持ち方が大人と同じ。一人で衣服を着る。「なぜ」と尋ねる	

4）言葉の発達

①なん語（言葉の基礎となる）について。

生後、2～3ヶ月になると「アーアー」とか「ブーブー」という声を出す。母親は生後間もない時期から子どもに話しかけ、少しでも身体を動かすなどの反応があれば相づちを打ち、次の反応を待つという親子のやり取りをしているが、なん語を引き出すように話しかけるようにすると、それが後に言葉を形づくる基礎となる。1歳後半から2歳にかけて語彙の数が急激に増加する。3～4歳ごろに会話能力は一応完成する。

②乳児のサイン（泣く）について。

空腹、寒さ、痛み、身体の接触がないときに現れる。

生後間もない子の感情表出：不快の表出として、手足をばたばたさせて、
　　　　　　　　　　　　　　顔は真っ赤になる、
　　　　　　　　　　　　　　呼吸は速くなる、泣き叫ぶ。

生後2～3ヶ月：快の表出が現れる、手足の運動、呼吸の増加と笑いが見られる。
　　　　　　　次いで怒りや恐れ、得意なこと、愛情の現れが見られる。

③感情の発達

5歳くらいまでに約20種類の情緒が分化する。この発達が情緒の表現を遅らせたり、抑えたりする統制も幼児期の後半にはできるようになり、さらに情緒の文化と統制の基礎ができあがり、子どもは自分の力で環境に適応していけるようになる。

④社会性の発達

ヒトが人間社会の中で他人と接することによって人間らしく生活するための基礎である。

(平塚儒子)

2節　子どもの医学①
妊娠から乳幼児までの子どもの成長

　成人期前の年齢区分は、①胎児期（受精から出生まで）、②新生児期（出生から28日＝4週）、③乳児期（生後1ヶ月から1歳まで）、④幼児期（1歳から6歳まで）、⑤学童期（6歳から12歳まで）、思春期（13歳から18歳まで）である。

1．妊娠から出産

　女性は10歳過ぎから50歳頃までの間に、平均28日ごとに内膜の脱落として生理的子宮出血をおこす。これが月経である。月経の調節に関わるホルモンは脳下垂体からの黄体化ホルモン（LH）と卵胞刺激ホルモン（FSH）、および卵巣からのエストロゲン（E）とプロゲステロン（P）である。

　卵が精子を受け取った場合、受精1週以内に受精卵は卵管を下って子宮内壁に着床する（妊娠）。受精2週目には50％が父親由来の受精卵を排除しようとする作用と受け入れようとする作用が競合し始める。母体にとってこの反応が「つわり」として4～5週目に表現される。第3週には、受精卵が外胚葉・中胚葉・内胚葉・脊索ができあがる。4週目には心臓の拍動が始まる。5～6週目には胎盤からヒト絨毛性ゴナドトロピンが分泌されるようになり、尿中に本ホルモンの排泄量が増加するので、これを試験紙法「簡易妊娠テスト」で調べることができる。第3週から8週までが胚子期（胚芽期）と呼ばれる時期で、各胚葉から特定の組織や臓器、たとえば脳・心臓・血管・胃腸管・肝臓・腎臓などの主要器官ができる期間である。この時期に外から影響（サリドマイドや風疹ウイルス感染など）を受けると、胚芽への異常としての身体的畸形が生じる場合がある。8週目には頭体四肢ができあがり、尾が無くなる。分娩予定日は、最終月経のあった月に9を加えるか3を引き、最終

月経の初日に7を加えて算出する（ネーゲル式）。

　第9週から出生までの期間を胎児期と呼ぶ。妊娠期間は40週（280日）とされるが、正確には38週（266日）である。この時期に外からの影響を受けると畸形よりも、むしろ症状の異常が発生する（水銀中毒、胎児ヒダントイン症候群、トキソプラズマ感染症、サイトメガロウイルス感染症、先天梅毒、B型肝炎など）。胎児期には母体は胎児の発育に応じて次第に体重が増加し、母体の腹部が大きくなり下腹部前部へと張り出し、乳房が拡大してゆく。

　3ヶ月末には、胎児循環が完成し、爪が生え始める。4ヶ月末には、外形から男女の識別が可能となり、指紋が現れる。聴診器（トラウベ）で児心音が聴取できるようになる。5ヶ月目頃には、胎盤が完成され頭体部比率は1：3となる。母親は胎動を感じるようになり、乳汁分泌が始まる。6ヶ月までは、胎児は体表に皺があって赤みを帯びている。6ヶ月末には、胎児は尿をつくり出し大脳には皺が生じる。身長25cm、体重1,100gにまで成長し、吸飲運動を示し始める。7ヶ月末には、胎児は呼吸機能が営めるほどに成長し、頭髪が生え、耳が聞こえ始め、目瞼が開き光感受性を示すようになる。8ヶ月末には、睾丸が陰嚢に下降、9ヶ月末には、身体が丸みを帯び胎毛が生毛に置き換わる。10ヶ月末には、神経細胞の新生がほぼ終了し母体から免疫抗体を取り込むようになる。

　ダウン症候群は21トリソミーという常染色体異常で、成熟卵形成時に原因する。20歳代で3,000人、30〜34歳で600人、35〜39歳で280人、40〜45歳で70人にひとりの確率で発症することから、高齢妊娠は避けるべきであろう。

　母体の側から妊娠期をみると、①妊娠19週までを妊娠前半期、20週以降を妊娠後半期と分ける2分法と、②妊娠15週までを初期、16〜27週までを妊娠中期、28週以降を妊娠末期と分ける3分法がある。最終月経第1日を0日とし、妊娠23週（6ヶ月）までに胎児が娩出した場合を流産、24週から36週までを早産、37週から42週までを正期産、43週以降を過期産と呼ぶ。正期産のときが周産期である。子宮の大きさは、妊時が鶏卵大、3ヶ月で手拳大、5ヶ月末で小児頭大、6ヶ月末で子宮底が臍高、8ヶ月末で剣状突起から数

cm下にまで高くなり、周産期には5ℓもの容積に達する。妊婦後期に血圧が160mmHg以上・蛋白尿・全身浮腫が生ずれば、妊娠中毒症と診断される。

妊娠週と胎児の成長

妊娠週	胎児長cm	胎児重量g	頭体部比	子宮底の高さ。
9～12	5→8	10→50	———	恥骨結合上
13～20	9→19	50→450	1：1	12～15cm
21～28	20→28	450→1,400	1：2	16～24
29～36	28→34	1,400→2,900	1：2.5	25～30
37～38	35→36	2,900→3,400	1：3	33

2．分娩期=周産期から産褥期

　胎児が子宮外に排出されるのが「分娩」であり、その排出力は子宮壁筋の強い収縮によりつくり出され、その収縮力を母体は強い痛みとして感じる（陣痛）。分娩前兆は下腹部痛・胎児の下降感・尿意頻繁・分泌物の増加であり、分娩の開始は、痛みが規則的で、頻度が1時間6回以上あるときとされる。子宮口が数cm以上開大した頃に分娩室へと誘導される。胎児の97％が頭位、3％が骨盤位である。

　分娩は、34週以前の分娩を早産、分娩予定日から10～14日以内に生まれるのが一般的で、それよりも早く生まれた新生児を早産児、それより遅い場合を過熟児と呼ぶ。ちなみに、低体重児（未熟児；出生体重が2,500g以下）には、早産児は発育が順調なのに早産のため低体重となる場合と、在胎日数に比して発育が悪く低体重状態で産まれた場合がある。

　分娩時は胎児を排出後に、軽い痛みとともに「胎盤」の排出がある（後産）。胎盤は、羊膜に包まれ羊水に浮かんでいる胎児を母体の子宮壁に固着させ、母体から酸素や栄養分や免疫物質を「臍帯」を通じて送りこむ役割を果たし、胎児の1/6（約500g）の重さ、厚み2cmくらいで、20cm大の円盤状の組織で

ある。臍帯は1.5cm径で50cm長の管である。羊水はpH8.0、周産期には200〜500mlで透明であるが、胎児に無酸素症が生じると胎児が胎児便を排泄し羊水が混濁する。

　分娩後の6〜8週間を「産褥期」と呼び、性器および全身が妊娠前の状態に戻る期間である。妊娠で拡大した子宮は分娩後2週くらいで復古し、外から触れなくなる。子宮分泌液は悪露と呼び、初〜3日は血性、4〜8日は褐色でアルカリ性、4〜6週で黄〜白色、その後酸性に変わり消失する。月経は非授乳婦人では60日、授乳婦人では約3ヶ月後に再開する。分娩後1週の乳汁が初乳であり、中性でビタミンとグロブリン成分が多い乳汁が約500ml／日分泌される。1週後からの乳汁（成熟乳）は弱アルカリ性で、500ml／日程度が分泌される。乳汁分泌に関わるホルモンは脳下垂体前葉からのプロラクチン（PRL）と視床下部からのオキシトシンである。

3．新生児期から乳児期

　新生児期は生後から4週（1月）までである。出生時にはおよそ体重3,000g、身長50cm、頭体部比4：1、頭囲33cm、呼吸数40〜50／分、脈拍120〜140／分、体温37.1℃（腋下）あるいは37.8℃（直腸）、排尿回数1〜5回／日、水分必要量300〜500ml／日である。出生数日後に体重が約10%減少し軽度の黄疸が出現する。心卵円孔・臍動静脈は生後10分程度で閉鎖し、動脈管は15時間程度で閉鎖する。視覚・聴覚・味覚・嗅覚はあるが、痛覚・触覚・温度感は鈍い。

　乳児期は、1月から1歳までの間をさす。呼吸数40/分、脈拍120/分、体温37.1℃、血圧（乳児用マンシェット使用）は最大96〜118、最小56〜78mmHg、睡眠時間は13〜18時間である。この時期には室温18〜20℃、湿度50〜60%程度の居住環境で過ごさせるようにするとよい。母乳栄養は乳児が欲しがるときに、欲しがるだけ与えることを原則とする。ただし乳汁発来までは不足分を糖水、番茶などでもって与えるようにする。エネルギー所要量は100〜120kcal/kg

（成人40kcal）、タンパク所要量は3g/kg（成人1g）、脂肪の全エネルギー中の比率は45％（成人20％）くらいである。

　母乳にはアルブミン・グロブリン、シスチンが多いが、カゼインが少ない。調製粉乳は組成を母乳に近づけたものである。母乳の胃内停滞時間は2～3時間、人工乳は3～4時間程度である。授乳は5～6回／日で1回200mlを15分程度で与えることを目安とする。母乳不足は授乳後に直ぐ泣くことで分かる。離乳は5～6月から始め、1歳時に完了するようにする。母乳栄養児は便が酸臭で卵黄色の軟膏様の便が出、ビフィズス菌が主要細菌であるのに対し、人工栄養児では便は腐敗臭があり、淡黄色で太い形の便が出る。この便には大腸菌や腸球菌が主要細菌として検出される。

0～12ヶ月の発達段階

月　数	体重増加 g／日	尿　量 ml／日	水分必要量 ml／日	睡眠時間 時　間	離　乳 5ヶ月～1年	行　動
0～3	25～30	100～300	100～150	18～22	────	音に驚く
3～6	20～25	300～450	140～160	13～18	5ヶ月目頃に準備	首が据る
6～9	15	400～450	120～140	12～17	離乳初期	お座り
9～12	10	450～500	130～150	11～15	離乳後期	伝い歩き

　母親が注目するのは新生児・乳児の運動機能の発達や反射機能である。運動機能表現は次表に記す。起立反射が3ヶ月、口唇反射が3～4ヶ月、モロー反射が4～6ヶ月、把握反射が6ヶ月頃に見られる。バビンスキー反射が1年頃に現れ2歳頃に消える。細胞性免疫は新生児期に完成し、液性免疫のIgGとIgMはほぼ1歳時、IgAは4歳時頃完成する。出生時、赤血球数は600万、白血球数は18,000程度であるが、2～3ヶ月で成人レベルにまで下がる。心電図では生後1日以内はV_1にT波が出るが、以後は陰性化し、それが15歳頃まで続く。甲状腺・副腎ホルモンは1年以内に成人値に近づく。

1ヶ月～3歳の運動機能の発達

月数	機能表現
1	見えるものに視線をあわせる、母親の声に反応する
2	あやすと笑う、注視線が水平に動く、アー・ウーなどの発語（なん語）
3	音に反応する、興奮・快・不快の表情、独り言
4	首が座る、声のほうに向く、スプーンの液を飲む、玩具を振り回す
5	寝返りする、歯が生え始める（3歳で完了）、遠くの音に反応する
6	ものをつかむ、見たものに手を出す、怒りを表現
7	お座りする、子音・母音が組み合わさる、リズム音を喜ぶ
8	はいはいする、嗅覚が発達する、人見知りする
9	つかまり立ち、意味のない言葉を話す、自分の名前に反応を示す
10	味覚が発達する、マンマなど短い単語
11	伝い歩き
12	一人歩き、得意表現、泣き声に変化をつける、痛みの認識、2語表現
18	スプーンを使って食べる、便意を知らせる、衣服を脱ごうとする
2歳	手を洗う、喜びの表現、痛覚が成人レベルに近づく、自己中心的
3歳	夜間のオムツ離れ、箸をもって食べる、靴を履こうとする、反抗的、感情表現ができる、男女区別ができる、疑問を尋ねる、花を美しいと感じる

4．幼児期

　幼児期は、学童期（知的能力学習期）前の身体的・精神的・社会的発達の基礎づくりの時期であり、前半の生物学的適応期と後半の社会的適応期に分けられる。親は幼児期の子どもたちを、親子や家族としてだけでなく、社会人として育てる教育責任を有する。

4－1．生物学的適応学習期（1～3歳）

　1歳時には、体重が出生時の約3倍、身長1.5倍、頭囲45cm、歯が6～8

本生え、手根骨全10個中2個が化骨、体温は腋下で37℃、排尿が1日3回程度でほぼ規則的で、排便が1日2～3回となり、パンツの濡れたことを知らせて泣く場合もある。

　1～3歳時は、生物として生きるための基本行動を学習する時期である。

　2歳時には、体重は出生時体重の4倍（12kg）、4歳時5倍（15kg）となる。身長は、生後4歳半で出生時の約2倍になる。頭体部比は、4歳時に5：1、7歳時に6：1となる。2～3歳までに乳歯20本が生え揃い、6～8歳時に永久歯（全部で32本）に生え変わる。手根骨は4歳時に4個、6歳時に6個、12歳時に10個になる。2～3歳児の呼吸数は20～30／分、脈拍は90～100／分、血圧は最大が92～120、最小が48～88、体温は37℃（腋下）、睡眠時間は11～13時間となる。

　運動能力は、一人で食事ができるようになり、お漏らしがなくなるのが3歳過ぎである。排便自立、簡単な遊具を使いこなすのが4歳頃、衣服着脱が自分ででき、片足立ち、組み立て玩具や学習玩具に興味を持ちだし、スキップができるようになるのも5歳過ぎである。ちなみに血液中のリンパ球比率は、乳児期は40％程度、4～6歳頃は免疫反応亢進により50～60％程度にまで上昇するが、それ以降は成人のレベルへと下がる。

4－2．社会的適応学習期（4～6歳）

　4歳頃には羞恥・心配・嫉妬・羨望・嫌悪感を感ずるようになる。5歳になれば友人との間に競争心が芽生える。大人の生活慣習を受け入れて善悪の判断が次第にできるようになってゆく。挨拶ができるようになる。褒められることに喜びを覚える。それとともに、弱いものに対して譲る気持ちを持ったり、教える態度を示したりするようになる。また自分の行動に自信を持つようになる。4～6歳は幼稚園や保育所生活等を通じて社会的な適応と協調を学び始める。時期として非常に大切である。

5．学童期（6〜12歳）

　義務教育としての小学校に通い、知的学習を重ねることで社会人として役立つ「読み書きソロバン」の手法を学ぶ時期である。低学年では共同生活法を学び、高学年では中学への進学のための基礎学力が試される。学校生活では両親の教育力や影響が及ばなくなって、それが限定的となる。個人の学習能力がうまく発揮できるかどうかで評価されるようになり、学力による格差が拡大する。

　低学年学童では体力が十分でなく、運動能力が完成されていない。3年生頃から身長の伸びが加速され、男女の体格差が次第に明確になってくる。男子は11歳頃から睾丸・陰茎の肥大が始まり、11歳頃から前立腺が活動を始め、12歳頃に陰毛が生え始め、13歳頃に乳頭に結節、14歳頃に声変わりが生じ、髭毛や腋毛が生え始める。女子では9歳頃に骨盤骨と乳頭が発育し恥毛が生え始める。10歳頃に初潮を見る。男子17歳、女子15歳でそれらの二次性徴が見られない場合を思春期遅発と呼ぶ。

　学童期後半には、身長が成人に近くなり、12歳頃には親の身長を越えるまでに発育するものも少なくない。これに対して精神的には発達途上にあり、早く大人になりたいと希求し、大人ぶった行動を良いと考える。その精神的行動は幼稚で未熟であって、社会的善悪の判断を下せない。判断基準は両親や友人や環境により左右され、他人への依存心が強い。10歳過ぎになると親へ（特に女子では父親へ）の反抗心が強くなる。男女・性に対する興味が高まり、好き嫌い、ないし、自分に合うか合わないかでもって物事を判断するようになる。学校生活および社会適応ができない学童には、学校離れの心が生まれてくる。また、親が子どもの生活や心を理解できない状況が生まれてくる。体力的充実と自信に伴う自己優越感や顕示欲が、体力の劣る弱者や高齢者への侮蔑・いじめへと進み、暴力事件や社会事件を引き起こすこともあるのがこの時期である。

（巽　典之）

3節　子どもの医学②
　　　乳幼児期に見られる主な病気

1．新生児・乳幼児期に見られる主な病気・症状

　親が子の出生に際しては、「無事に出産したい。元気な子が生まれて欲しい」と願うのが世の常である。なぜなら第二次世界大戦前までは産婦と新生児の死亡率が極めて高かったためである。しかし、その後の抗生物質の普及と医療技術の革新により、「出産は安全なもの」と人びとの見方が変貌した。

　子どもの健康を見る場合、まず年齢と外見で判断できる。いくつの子どもであるかで病気の発現の程度が異なる。顔色は健康のバロメーターである。外見上の異常には生まれたときからのものか（先天的）、生まれてから何らかの原因によって生じたものか（後天的）で、異常に対する治療法が大きく違ってくる。通常、先天的なものは治療に難渋する。

1－1．先天的な異常が関係すると考えられるもの
【新生児・乳児】
　常染色体劣性遺伝疾患；フェニールケトン尿症、ホモシスチン症、楓糖尿症、ガラクトース血症、クレチン病
　常染色体優性遺伝疾患；サラセミア、鎌状貧血、アルポート症候群、遺伝性球状赤血球症、先天性菌緊張症、腎性糖尿病、フォン・ビレブランド病、大腸ポリポージス
　伴性劣性遺伝疾患（X染色体劣性）；A・B血友病、腎性尿崩症、デュシャンヌ型進行性
　　筋萎縮症、リーシュ・ナイハン症候群、G6PD欠損症
　伴性優性遺伝疾患；低燐酸血症を伴うビタミンD抵抗性クル病、腎性尿崩

症、偽性服甲状腺機能低下症、高アンモニア血症II型
染色体異常症；ダウン症候群（21トリソミー）、ターナー症候群（45XO）
胎芽病；サリドマイドによる畸形、先天性風疹症候群（心畸形）
胎児病；水銀中毒、抗てんかん剤、胎児アルコール症候群など
発生頻度が高い先天性心疾患；①自然閉鎖の可能性があるのは心室中隔欠損症（VSD）、②多くの場合に手術が必要なものは心房中隔欠損症（ASD）、③軽症でも手術が必要なものは動脈管開存症（PDA）、肺動脈狭窄症、ファロー四徴症、④手術が行われないものとしてアイゼンメンガー症候群などである
消化器系疾患；先天性食道閉鎖、幽門狭窄、腸管閉鎖、巨大結腸症、先天性胆道閉鎖、突発性総胆管拡張症、新生児肝炎、膵嚢胞性繊維症
新生児メレナ（ビタミンK依存性凝固因子の一時的欠損）
新生児溶血性黄疸・胎児赤芽球症（ABO不適合、Rh不適合）
免疫不全症；無γグロブリン血症（ブルトン）、選択性IgA欠損症、胸腺無形成（ディジョージ）、重症複合免疫不全症（スイス型）、血小板減少性ウィスコット・アルドリッヒ症候群、毛細血管拡張症を伴う免疫不全症、シェディアック－東症候群
胎便吸引症候群
高間接ビリルビン血症
ファンコニー貧血、ダイアモンド・ブラックファン型赤血球癆
先天性血小板機能異常症；血小板無力症
小児新生物；網膜芽細胞腫、神経芽細胞腫、腎芽細胞腫（ウィルムス腫瘍）、肝芽細胞腫

1－2．後天的疾患

　後天的なものでは、急性に発症するものが多く、放置すれば子どもの生死にかかわることもある。中でも急に熱が出たり痙攣が生じたりすると、親は気が動転してしまう。どう対処するかを冷静に判断することが必要である。

乳児期前半は母親からの抗体を受け意外と病気に罹らない。しかし、幼児期に入ると母親からの抗体が消え、自分で病気に対して学習してゆかねばならず、しばしば熱を出す。学童期になれば免疫がほぼ完成し、病気に罹ることが次第に少なくなる。しかし精神的に不安定な時期に突入する。

発熱の主な原因

新生児期	乳児期	幼児期	学童期
肺炎	感冒	感冒	感冒
臍感染	気管支炎・肺炎	気管支炎・肺炎	細菌感染症
敗血症	中耳炎	発疹性・ウイルス性感染症	伝染性細菌・ウイルス性感染症
破傷風	腎盂腎炎	細菌性感染症	腎盂腎炎
髄膜炎	夏期熱	腎盂腎炎	膠原病
	髄膜炎		

【新生児・乳児】

分娩時外傷

新生児細菌性肺炎；大腸菌、緑膿菌、ブドウ球菌、B群連鎖球感染症

新生児一過性低血糖症；ケトン／ロイシン／特発性・低血糖症など、小児で見られる低血糖症はたいていが一過性である

ブドウ球菌感染症（新生児剥離性皮膚炎、リッター病）

先天梅毒（生後2年以内に発症）

メッケル憩室（卵黄管遺残）、腸重積、巨大結腸症、ヘルニア急性虫垂炎、急性腹膜炎

牛乳アレルギー

未熟児貧血

低Ca血症によるテタニー

皮疹がみられる子どもの病気

熱がある	解熱後皮疹	突発性発疹
	2峰性熱＋感冒様	麻疹・ウイルス性発疹
	熱＋小水疱	水痘
	熱とともに散在皮疹＋リンパ節腫	風疹
	目が赤い＋唇びらん	川崎病
	出血疹＋発熱	猩紅熱、白血病
熱がない	薬のため	薬疹
	かゆみがある皮疹	湿疹、蕁麻疹
	紫色の斑点	紫斑病

【幼　児】

肥満症；単純性肥満、クッシング症候群、フローリッヒ病、プラウダ・ウィリィ症候群、インスリン依存性（1型）糖尿病

小人症；下垂体性・先天性甲状腺機能低下性（クレチン病）・副甲状腺機能亢進性・クッシング症候群、先天性副腎過形成

下痢症；ロタウイルス、ノロウイルス感染症

咽頭・気管支炎；RSウイルス感染症（特に6ヶ月以内の乳児）、パラインフルエンザウイルス／アデノウイルス感染症、百日咳、ジフテリア、マイコプラズマ肺炎、カリニ肺炎、クループ、先天性喘鳴

皮疹を伴う感染症；突発性発発疹（3日熱、1歳までに発症）、麻疹（はしか）、風疹（3日はしか）、水痘（水ぼうそう）・帯状疱疹、単純ヘルペス、リンゴホッペ病、手足口病、プール熱、猩紅熱

リンパ節腫脹；流行性耳下腺炎（おたふくかぜ）、風疹、伝染性単核球症（EBウイルスによるリンパ節炎）

感染症；A型溶連菌感染症（猩紅熱、丹毒）、肺炎球菌感染症（肺炎、髄膜炎）、ブドウ球菌感染症（肺炎、特にMRSAに注意）、ジフテリア（心筋症）、破傷風、サルモネラ・カンピロバクター（下痢症）、腸管出血性大腸菌

(ベロ毒素陽性、O-157)、百日咳、小児結核、インフルエンザ（肺炎）

腎症；急性糸球体腎炎（Aβ溶連菌感染）、IGA腎症（無症候性腎炎）、アルポート症候群（腎炎＋神経性難聴）、紫斑病性腎炎（シェーンライン・ヘノッホ）、ネフローゼ症候群、溶血性尿毒症性症候群（HUS）、起立性蛋白尿、尿路感染症

貧血症（ヘモグロビン10g/dl以下、赤血球数350万/dl以下）；感染性貧血、突発性再生不良性貧血、後天性溶血性貧血、続発性再生不良性貧血、白血病

出血性疾患；アレルギー性血管性紫斑病、特発性血小板減少性紫斑病

主な病原体

突発性発疹	HHV6	単純ヘルペス	HSV-I型（口唇）、II型（性器）
風 疹	風疹ウイルス	水痘・帯状疱疹	VZVウイルス
麻 疹	麻疹ウイルス	伝染性単核球症（りんご病）	EBウイルス
流行性角結膜炎	ウイルス	プール熱	アデノウイルス3型
伝染性紅斑	ヒトパルボウイルスB19	手足口病	コクサッキーウイルス3型、エンテロウイルス71型
AIDS	HIVウイルス	結 核	結核菌
百日咳	百日咳菌	リウマチ熱	Aβ溶連菌
伝染性下痢症	ロタウイルス、ノロウイルス	食中毒	サルモネラ、カンピロバクター、腸球菌

低Ca血症によるテタニー

けいれん；熱性のものが50％、てんかんによるもの、ないしは、てんかん移行型が50％

アレルギー；気管支喘息、小児ストロフルス、多型滲出性紅斑、リウマチ熱、若年性関節リウマチ、小児急性熱性皮膚粘膜リンパ節症候群（MCLS、川崎病）、薬疹、食物アレルギー（1〜2歳頃に高頻度に発症するもので、IgEが関わるI型アレルギーが多い。抗原となりやすい食品は、卵、牛乳、大豆、魚、エビ、カニ、チョコレート、ナッツ、そばなどである）

ウイルス性中性神経疾患；亜急性硬化性全脳炎（SSPE）、急性灰白髄炎（ポリオ）、ギランバレー症候群

ライエ症候群；急性脳症＋肝障害を示すものであるが、原因不明であり、ウイルス説やアスピリン原因説がある。

停止性脳症；脳性麻痺（受精から生後4週までの間に、核黄疸・酸素不足・頭蓋内出血等の原因で非進行性永続性の中枢性の運動障害をきたしたもの）、微細脳損傷症候群（MBD, 性格・行動異常が発現される）

言葉の発達が遅いとき；自閉症、アスペルガー症候群、ダウン症などを考える。

2．学童期に注意すべき病気

外傷；学童期の最も多いのが事故などによる外傷である。

流行性下痢症；細菌性（カンピロバクター、サルモネラ、病原大腸菌）、毒素性（ブドウ球菌、病原性大腸菌VT）、ウイルス性（ロタウイルス・ノロウイルス）いずれも感冒性下痢症に含まれる。

感冒；アデノウイルスなどにより発症する急性上気道炎

アレルギー症；気管支喘息、アトピー性皮膚炎などが主たるものである。

鼻出血；学童期には未だ鼻粘膜が完成していないために出血しやすい。

流行性角結膜炎；春季カタルとも呼ばれるウイルス性疾患

心気症；学童期にも心の悩みがある。それがチックや胃潰瘍などを引き起こす。

学習障害；LD（学習障害）、ADHD（注意欠陥多動性障害）出現比率はLD：ADHD：自閉症＝4：2：1くらいで、社会的関係の形成に困難さを伴うことが多い。

不登校；病気でないものの、欠席が1年間で30日以上の場合

（巽　典之）

4節　生から死、そしてホリスティックケア
——障害・未病・病気・変性・老化

　人には、「生病老死」の四苦があるという。人の一生は現代の世に生まれることから始まる。ときによっては、生きることも苦しみとなる。予期するかしないにかかわらず、病気は死をもたらすこともある。生まれた瞬間からすべての人は死への墓標に向かって、ゆっくりと、そして確実に歩んでゆく。スマートな歩き方を表現できる人もいれば、ギクシャクした歩き方を示す人もいる。人が生きうる時空的距離は、遺伝学的に見てせいぜい100余年に過ぎない。最初の20年は成長し学習し、そして自分に合う相手を探す時間である。次の20年は次世代を担う子どもを育てる時間である。その次の20年は自分を見つめる時間である。そして最後の20年から40年が老境である。20歳から60歳の間が生産的活動の最も高い社会的活動期である。喜怒哀楽に満ちたその時期をいかに社会的に有意義に過ごすかでもって、社会はその人の価値を評価する。

　人の生命には、身体的（カラダ）および精神的（ココロ）生命があるとされてきた。しかしながら健康評価の対象とされるのはカラダの元気さである。世界保健機関（WHO）では「健康とは、身体的、精神的、社会的及びスピリチュアル（霊的）に健全で活発な状態」であり、健康には、①病気も障害もなくて健康、②病気があるが健康、③障害があるが健康な状態がある。障害とは、社会的活動を円滑に行うことを妨げる要因や状況をさし、身体的、精神的、知的障害などがある。

　ヒトの体は成長・発育期が過ぎると変性が始まる。顔には皺ができてくる。元気そうに見えても疲れやすく、踏ん張りがきかない。病院で臨床検査を受けても異常は見出されない。この状態が中国医学でいう「未病」状態であり、潜在的病変状態である。それが顕在化した状態が病気である。老化は変性・

病気の複合であり、進行性で非可逆性の身体傷害の重なりである。事故の後遺としての身体的障害は、身体的および精神的病気をつくるきっかけとなる。

　障害を有している人、特に高齢者では、現状のADL（日常生活活動度）を低下さないようにリハビリテーションが必要である。それは部分的な機能衰退が生活不活発のために他の部分にまで弊害を起こすからである（廃用症候群）。リハビリテーションは障害された身体機能の回復（視覚障害、聴覚障害、運動機能障害、呼吸器疾患）だけでなく、精神疾患などに対しても訓練が必要である。

　他方、身体の発育に比べ精神の発育は遅く、その完成目標点やレベルも人によりさまざまである。40歳までは、成長の目標と理想、そして人生への夢と希望がある。理想への希求が満たされないときに不満が募る。そして不惑の年齢になって、人のココロには迷いが生じる。完璧な理想点とは、人の能力を越える超自然的な場所である。それを意識する時期が老境期ないし死の病床にあるときであり、永遠の死と諦めを意識するときである。

　高齢者の主な病気は、①癌、②高血圧・動脈硬化、③転倒・骨折、④寝たきり、⑤痴呆などである。元気そうに見える高齢者であっても、体力は弱く感染症に対する抵抗力がなく、また精神力も脆弱である。若者には感じられないような心の悲しみと寂しさに満ちている。若い人にはそれを癒すような高齢者の扱いが必要である。しかし最近は、家族・近隣・老人施設などから「高齢者虐待」が問題化しつつあるのが残念である。

　ガンによる痛み、やせ、極度の疲労に苦しみ、人生の終焉が来たことを意識するガン末期（ターミナル）がその好例である。病人は理想の追求を望むものの次第に蝕まれてゆく身体に、ココロも苛まれる。現代の医療をもってしてもガンは不治である。ターミナル患者のケアの原則は「QOL（quality of life　生活の質）の向上」である。その病床にあって患者が求めるのは身体的な苦痛の軽減だけでなく、ココロの癒しでありココロの救いである。その治療・看護・介護に対応できるのがホリスティック・ケア（全人的）である。

ガン治療で利用される疼痛緩和療法はその手段の一つに過ぎず、それでもって患者のココロは癒されない。癒す（＝苦しみを和らげる）に必要なのはケアに当る人の態度と、病人に接する「人としての全人格的なココロ」である。ココロ、すなわち神のように人を分け隔てせずに愛するココロが必要なのである。悲しみを和らげるのは、行動の実践である（グリーフケア）。それを実際行っているのがホスピスである。近代的ホスピス活動は、1967年S.サウンダースがキリスト教的博愛精神で末期の人々を救うべく英国・ロンドン郊外にセントクリストファー・ホスピスを建立したことに始まり、その精神と活動が日本では聖隷三方原病院（浜松市）や淀川キリスト教病院（大阪市東淀川区）のホスピスに引き継がれている。

　子を持ち子育てに迷う親の気持ちを察し、病だけでなく自分の家庭やこれからを悩む病人の心中を思い、自己の尊厳を打ち砕かれて苦しむ高齢者の悲しみを理解するような、人を愛する人が必要である。いま、日本社会に求められているのは「人を愛するココロ」と「奉仕の精神」である。

（巽　典之）

第 3 章

臨床心理学的視点からの子育て支援

1．はじめに

　最近の発達心理学の研究対象は、「受精から死に至るまでの、人生のすべての時期に亘って現れる、成長と衰退の様相」とされるようになった。つまり生命誕生の瞬間をヒトの人生の始まりと見るのである。もっとも、第二次大戦前頃までの日本では、そのように女性の胎内で宇宙の神秘ともいえる営みが進んでいることについて、感受性や想像力を駆使し体験的に理解しようとする文化が確かにあった。彼らは、たとえば「一つ身から二つ身になる」という表現を使い「生まれたときが1歳」と見るなど、受精以来一つの身体（母体）に2人のヒト（母と胎児）が存在し、その胎児は1年近くかけて育まれるということを、当たり前のように想定し、それを日常の考えに取り入れていた。その後、目に見えて証明できることしか信じないようになった風潮のせいか、「生まれたときをゼロ歳」と呼ぶようになり、妊娠中絶に対する罪悪感が薄れるなど、ヒトの人生の胎内時代が疎かにされるようになったように見える。しかし今、そうした先人たちの優れた感受性による理解が、今度は科学の力によって、次々実証的に示されるようになっている。

　しかし、そうした時代を迎えているにも関わらず、今でも「見えないものには責任がない」かのごとく、胎生期のうちに数多くの命がいとも簡単に切り捨てられている。次の表は日本の中絶件数の割合であるが、母親年齢20歳以下では、総妊娠数の66％の命が人生最早期においてその将来への発達を絶たれている。20歳代になると中絶件数比率は下るものの、件数そのものは10代の倍まで増加している。

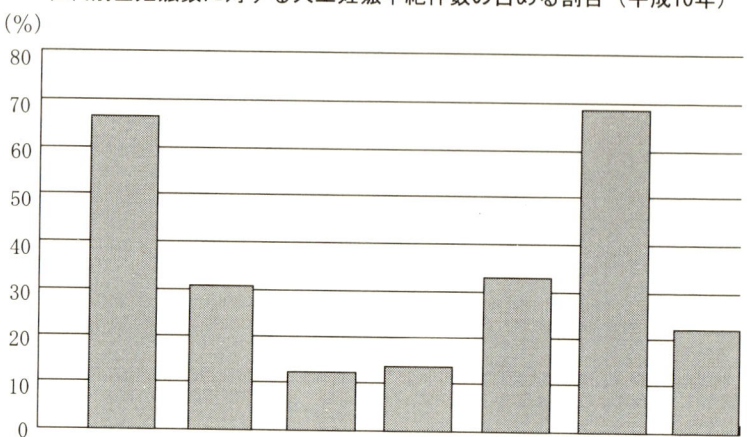

世代別全妊娠数に対する人工妊娠中絶件数の占める割合（平成10年）

年齢(歳)	～20	20～24	25～29	30～34	35～39	40～	全平均
中絶件数*	34,752	79,762	69,402	62,396	57,122	29,723	333,220
出生数**	17,501	177,195	492,692	388,294	113,728	13,717	1,203,147
％	66.5	31.0	12.3	13.8	33.4	68.4	21.7

厚生省：*母体保護統計と**人口動態統計から推計

　こうした事実を見ると、出生についての哲学・倫理観や日本の子育て感を今一度ただして見たくなる。おそらく妊娠中の母親を支援・指導すれば事足りるといったものではなく、日本の家庭教育、学校教育（保健指導、家庭科、倫理学等）のあり方から問い直される必要があり、目に見えない小さな命にも十分な敬意を払うことのできた日本人の感受性豊かで繊細な心を取り戻す必要があるのではないかとさえ思われる。

2．胎生期（受精～280日）の心理学

　射精された精子のうちの一つが卵管を泳ぎ抜き無事卵子に到達すると受精が起こり、新たな一つの生命である接合体が誕生する。その接合体はさらに

1週間ほどの時間を掛けて子宮壁を進み、子宮内に着床し、そこで胎芽の発達が始まる。

このように受精によって母体内に別の生命が誕生すると、母体は、その新しい生命を育むためにホルモンバランスなどさまざまな部分で変化し始める。

母親の体調が胎児に影響を及ぼすことは容易に想像されるが、たとえば母親が、夫婦不和、嫁姑の葛藤、病気の不安などの大きなストレスに晒されると、実際に母親の体内に生理活性アミン（脳内ホルモンの一種）が分泌されることが分かってきた。母親の血液中のホルモンは胎盤を通じて胎児の体内へと運ばれるから、当然それは胎児の情動にも大きな影響を及ぼす結果を導く。

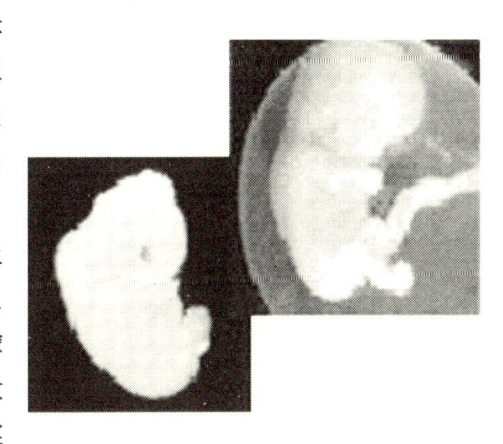

一方、たとえ母親がストレスを感じていても、胎児を思って妊娠を積極的に捉えるだけの精神的な力が働く場合は、この母親の愛情が胎児を守るバリアーとして機能し、母親がストレス下にあってもすぐには胎児に悪い影響が出ないという興味深い研究もあり、T.Verneyによって報告されている。これは、胎教の捉え方、つまり環境的サポートの重要性を支持する研究結果であり、妊婦が環境的に支えられ元気であると、妊婦の心理状態は前向きになり胎児への悪影響が小さく抑えられることを裏付けている。

妊娠4ヶ月ごろになると、母親の腹部に強い光を当てると胎児が驚いて心拍数が上るなど、胎児の視覚や聴覚、

味覚など多くの感覚機能が整い始める。さらに妊娠後半になると、胎児は母親の胎内でいろいろな音や光、振動、味などを日々経験しながら過ごすこととなる。母親が冷たい水などを食すると胎児がびっくりして怒るという実験結果や、羊水が苦いと胎児が顔をしかめる現象まで報告されるようになった。

　A.DeCasperとW.P.Fiferは、赤ちゃんが妊娠中に聞いていた母親の声を覚えているかどうかを実験し、出生後すぐに母親の声を覚えているかどうかを調べるために、妊娠中から同じ絵本を母親が繰り返し読み聞かせ、生後その絵本と別の読み物との反応の違いを見ると、聴き慣れた絵本にのみ反応することなどの結果を得た。つまり赤ちゃんが出生前から母親の声の調子や抑揚、聞きなれた言葉などをかなり正確に聞き分け覚えていることを実証したのである。

3．乳児期（1ヶ月〜1歳半）の心理学

　生理学者のA.Portmannは、キリンやウマなど出生後すぐに立ったり歩いたりできる早成型の哺乳類動物などに比べ、ヒトの赤ちゃんは大変未熟な状態で生まれることから、ヒトの乳児期を「生理学的早産」、「子宮外胎児期」と表現した。つまりヒトの赤ちゃんは、大人から世話されることを前提に未熟な状態で生まれてくるので、十分な関わりと世話によって初めて安定した成長が可能となるのである。

　出生直後の赤ちゃんについてもさまざまなことが分かっている。一昔前まで、新生児（誕生〜28日）は未だ目が見えないなどと言われたが、今では新生児において感覚機能はほぼ完成していることが分かっている。生まれて直ぐでも顔の真上で手などを動かすとぼんやり見えて反応し、1ヶ月もすると覗き込んだ人の顔をじっと見るようになる。2ヶ月になると、ヒトの顔とそうでないものを識別する。3ヶ月頃になると回りの人たちに笑いかけるようになるが、これは「3ヶ月の無差別微笑」（Spitz）と呼ばれ、周囲の人の心を和ませる無垢な笑顔としてよく知られるところである。

このように人との関わりのなかで着々と心身を育てていく赤ちゃんに対し、もし周囲がその発達に望ましい対応を返さなかったどうなるだろう。最近のアタッチメント研究は、生後数日からの観察実験を重ねているが、赤ちゃんたちが実に初期から驚くほど細やかな応答性を持っていることを報告している。そして母親から期待する対応が受けられない、あるいは負の対応しか返ってこない、などを経験すると、わずか生後3ヶ月の赤ちゃんでさえ心のどこかで母親への期待を断念し、自ら母親を避けるようになったりもすることが報告されている（S.Fraiberg 1982）。こうした研究を踏まえると、まだ新生児だから分からないとか、まだ寝返りをうたないから大丈夫などと赤ちゃんをひとりに放置しておくことが、どれほど心の健全発達に危険であるかがわかる。

　さて6～8ヶ月に入ると、赤ちゃんは誰彼と笑わなくなる。それどころか知らない人と視線が合うと、困惑や不安のまなざしで母親に助けを求めるなど、「人見知り」と呼ばれる行動を示すようになる。これは「8ヶ月不安」（R.A.Spitz）とも呼ばれるが、この状態は母親が自分にとって特別な対象であって他の人とは違う、という愛着（アタッチメント J.Bowlby）の形成が進んだ証であり、心の基盤が建設されつつあると言い換えることもできよう。したがって人見知りをしないから預けやすくて都合がいいとか、子育てを誰彼なく任せたりしていると、とんでもないことにもなりかねない。

　具体的な例として、筆者の知る臨床例を挙げておく。ある2歳前くらいの子どもを抱いた母親が、保健所から発達上の問題を指摘されたと、相談機関に駆け込んできた。経緯を聞くと、結婚前から手に職があったその母親は、家内工業形態の勤め先から出産後も続けて来て欲しいと望まれたため、毎日赤ちゃんを抱いてその職場に行き、仕事中はうす暗い隣室に1日中寝かせておいたという。母乳を

与えるときだけ仕事の手を止めるが授乳が終わるとすぐに仕事に戻り、赤ちゃんが動き出すと、手の空いた誰かが時々見に行ったりあやしたりといった関わりだったようだ。ごく普通の子のようで発達検査上もさしたる問題はなかったが、ボーっとして表情が乏しく言葉は出ていなかった。しかし、本人と母親への心理的支援を開始すると間もなく言葉が出始め、半年も経ずしてとても生き生きした子どもに変わったのである。

　子どもの心の発達が阻害された場合に生じる弊害については、SpitzやBowlbyらがすでに1930年代に報告している。「ホスピタリズム（施設症）」は、閉鎖的な施設に集団で長期間収容されたとき、収容された人々の心や身体にいろいろなマイナスの影響が出てくることを指すが、特に幼少の施設収容児の場合に、高い死亡率や体重低下、低身長、無気力、無表情、自虐行為など、心身の発育障害が多数見られたことから、Spitzらが子どもの養育環境の問題として取り上げた。しかしこうした問題が、施設収容児に限らず、戦争孤児や疎開児童など早期に母子分離を体験させられた子どもたちにも見られることから、Bowlbyは「母性剥奪」という用語を用いて、まだ養育者（母親）の手厚い庇護の下にあるべき乳幼児がその世話から離されてしまうと、子どもはいわばこころの迷い子となり鬱に似た症状を呈するとして、子どもを養育者から安易に離すことの危険性を説いた。

　したがって、子どもを安直に親戚やベビーホテルや託児所に預けっぱなしにしたり、十分な検討もせず保育所に入れたりすると、子どもに大きなダメージを与えてしまう可能性があることが言える。

　一方、実の母親が自分の手で育てればすべて上手くいくということでは決してない。母子間の応答性の問題が心の形成に影響を与えることはすでに述べたが、統合失調症や抑鬱を抱えた母親とその子どもの間に見られる応答の欠陥や偏りの問題についても研究が成されている。母親の応答力に大きな偏りがある場合、子どもはその影響を直接受け続けることになり、すべて母親任せにしておくと、ときにはかえって弊害を大きくしてしまう。昨今父親や祖父母、親戚、地域の人々の子育て支援力の必要性が叫ばれる所以やファー

スト・エデュケーションの意義はそこにある。

　臨床例を挙げておくと、ある統合失調症の母親に育てられていた2歳の子どもは、保健所から臨床心理士のもとに紹介されたときには能面のような表情で動きも固まりがちであった。臨床心理士や保健士の支援を受けると同時に保育所にも通い始めると、その子の表情は生き生きと明るくなり、次第に周囲とも元気に遊ぶようになった。このように、母親が心身に不調を来したした場合、周囲や社会からの支援は不可欠である。

4. 幼児期前期（1歳半〜3歳前）の心理学

　幼児期前期は、O.Krohが第一反抗期と呼んだ時期である。E.H.Eriksonはこの時期のライフタスク（重要な課題）を〈自律性　対　恥・疑惑〉とした。1人で歩けるようになり受身的な生活から自分で自由に動けるようになると、子どもの好奇心や自分の意志で世界を把握したい欲求がますます高まってくるが、一方、この頃から母と子の間でトイレットトレーニングと呼ばれる排尿訓練が開始され、子どもは排便排尿の自律に失敗すると母親に叱られる羽目となる。また今まで母親に任せていた衣服の着脱、箸やスプーンの使用など日常生活面はもとより、ときには歩く道筋に至るまで子どもの意志が強く出てくるため、親の考えとぶつかると、子どもは駄々子となって母親をてこずらせたり困らせたりする。養育者にとって、この時期は子どもの意志の尊重と制限が同時に重要となり、甘やかしてはいけないが厳しすぎてもいけないという難しい立場に立たされるが、親子間のあり方にとって、ここは子どもの人格形成の上で大きな節目となる。

　しかし昨今、この時期の子育てに二極化傾向が目立ち始めたように思われる。一つの極は、子どもの駄々は親に歯向かう望ましくない行動として全面的に拒否し、激しい場合は手を挙げたり無視したりなど、子どもの反抗を取り扱わない傾向である。もう一つの極は大人としての立場を示さず、許すべきでないところでも子どもの言いなりになるなど、判断が甘く子どもと大人

の間のけじめが弱い無責任な傾向である。どちらの場合も、反抗期にこそ育つべき子どもの自発性や好奇心がそがれたり、また自己と他者の区別が曖昧になったり自制心がつかないなど、子どもに適切な自分らしさが育ちにくい。

　この時期の課題をしっかり達成しないまま子どもが大きくなると、人格形成上次のような傾向が出やすいといわれる。前者では、自分の考えと人の考えが区別しにくい（簡単に他者に影響されてしまう）、相手の考えや情勢が自分の意志や気持ちにそぐわなくても「ノー」と言えない、あるいは自己主張をすることと相手を拒絶することの区別ができにくい、などが生じやすい。それは自分の思いや意見をそのまま主張したら相手から嫌われてしまうのではないか、見捨てられるのではないか、という不安が強すぎるためであり、そうした子どもはおしなべて大人しく良い子を振る舞い、教師や親の言いなりになるため大人にとっては都合が良いが、そうした傾向を顕著に持つ場合は、未解決の課題が将来の自己確立の時期まで持ち越されていき、思春期に問題が生じることがある。後者の場合も自分と他人の区別はつきにくく、また自己管理能力に欠け、自己に対して誇大的になったり衝動的行動が多かったりする。

5．幼児期後期（3〜6歳）の心理学

　3歳を過ぎると、片足ケンケンが跳べたり一定の距離を走ったりなど、敏捷性やバランス感覚が一段と発達する。言葉の発達も目覚しく、コマーシャルをすぐに覚えて真似たり母親そっくりの言い回しで弟を叱ったりして大人を驚かせる。遊び方にも社会性の発達が反映され、それまでの自分中心的な遊び方から、だんだんと友達と協力したり、譲り合ったり、助け合ったり、ときには競い合ったりできるようになる。Eriksonがこの時期を「遊戯期」と呼んだように、子どもたちは「遊ぶこと」を通して、想像性、創造性、自己主張、自己抑制、責任感、協調性などを育み、自らをより社会的な人間へと発達させていく。

特に年中組と呼ばれる4歳ごろになると、子どもたちは「ごっこ遊び」を楽しむようになる。ままごとごっこ、電車ごっこ、怪獣ごっこなど「〜のつもり」や「〜のふり」をして役割を演じることができ、実際はそうでないものをそうであるかのように見立てるなどして、架空のストーリーを仲間と共有して楽しむのである。こうしたごっこ遊びに3〜4歳になってもまったく乗らないような子ども、たとえば園庭の片隅で1人で砂を触ったりブランコに乗ったりしている、あるいはごっこ遊びに加わっても自分の役割の果たし方が分からずいつも浮いてしまう、あるいはすぐ他の子とトラブルになるといった場合には、年齢相応の社会性が身についていないことが考えられる。そうした子どもは心のつまずきや、発達障害を抱えていることが多いので、心理面の支援として、すみやかに心理相談、心理検査、遊戯治療や療育活動などを受ける機会を与えるべきである。

1960年代の子どものママゴト遊び風景
（時事ドットコム・昭和の記憶 '60写真特集）

発達障害

　精神面や運動面などの発達に問題があるため、行動や人との関わりに偏りが生じやすく、社会適応に向け特別な支援が必要な状態が発達障害と呼ばれる。発達障害には、知的障害をはじめADHD（注意欠陥/多動性障害）、広汎性発達障害（自閉性障害、高機能自閉症、アスペルガー症候群など）、LD（学習

障害）が含まれる。ADHDの子どもや、自閉性障害、アスペルガー症候群、高機能自閉症など自閉症スペクトラム（連続体）に属する子どもは、こうした協調性や社会性の面の発達に偏りをもつ場合が多く、周囲の子どもたちとの間でトラブルを発生しやすい。彼らは、幼児期から適切な専門性を踏まえた支援を受けることが望まれる。

ADHD（注意欠陥/多動性障害）
年齢や発達に不釣合いな注意力の欠陥、衝動性、多動性を特徴とする行動の障害で、落ち着きがなく急に席を立ったりするので集団教育に乗りにくい。中枢神経系になんらかの要因による機能不全があると推定され、診断によっては以前リタリンが処方された。しかしリタリンについては、効力は認められていたものの、副作用の問題から使用が禁止された。新たな薬としてコンサータやストラテラの使用が始まっている。

自閉症（自閉性障害）
①人とのかかわりの障害、②コミュニケーションの障害、③独特の行動へのこだわりや極端な興味の狭さ、などに代表される特有の傾向を持つ。人と感情的交流ができず、話はできても人との間で会話が成立しない。反響言語（エコラリア）や常同行動が見られることが多い。

アスペルガー症候群
自閉症児にみられる対人関係の硬さや唐突さや情緒性の希薄などの側面は有しつつも、言語記憶、知的遅れなどの面では問題を示さない一群で、アスペルガーによって発見されたためこの名がつく。数学者や物理学者に多いともいわれる。

> **高機能自閉症**
> アスペルガー症候群と分けて考えず、両方を高機能自閉症スペクトラムと捉える立場と、高機能自閉症の特質はアスペルガー症候群とは別として分ける立場がある。分けて考える立場の高機能自閉症は、知的遅れはないが、言葉の遅れを持つタイプとされている。

6．児童期（学童期：6～12歳）の心理学

　児童期は、人々の記憶の中の懐かしい子ども時代として一番豊かに想起される時代である。

　6年にもわたる長い期間を指すので、分けるなら小学校低学年時代、中学年時代、高学年時代の三つに分類されよう。低学年はまだ幼児的な幼さが残り、養育者や教師の世話に支えられる部分が大きい。「せんせいあのね」という、直接担任に話しかける形式で書かせる作文課題に見られるように、児童と教師の間柄は、集団の中にありながらまだ1対1関係の趣を強く残している。中学年になると、集団生活にも馴染んで友達との生活が豊かになり、教室集団も一つにまとまれるようになる。低学年の子らが2～3人単位で校庭の端っこの遊具で遊んでいるのに比べ、中学年になると、よそのクラスと校庭の空間を取り合って大勢の人数でボールゲームや陣取りゲームなどを行うようになる。昨今は、しかし、こうした大人数で遊ぶ子どもたちが年々減少し、校舎の窓から見渡すと、ドッヂボールの場合には何とか10～20名集まっているものの、多くの子どもは5人未満の仲間で休み時間を過ごしている。つまり年齢が上がっても低学年の友達関係からあまり広がっていかないといえる。

　4年生あたりから5年生、6年生にかけては、ギャングエイジと呼ばれるもっとも小学生らしい生活を示す年代である。男子はガキ大将やリーダーシップのある子を中心に、女子は女子なりにお転婆な子が周りを引き連れて、

大人の監視から解放された独自の遊び方をするようになる。

　一昔前の子どもは、社の境内や川や森といった場所で、スリルや冒険心を膨らませて集団遊びに浸ったもので、そこには子どもたちだけの自由で創造的な世界があったが、事故や喧嘩などトラブルと背中合わせでもあった。

　ギャングエイジとは、大人にとって振り返るには懐かしいが、見守るには危なっかしい性質の世代である。本格的な自立へと進む思春期の前段階として心身の発達に重要な意味を持つが、日本の子どもたちからこのギャングエイジ時代が失われたと言われて、すでに久しい。

　この時代が脆弱化すると、次に来る思春期もおそらく深められずに通過し、そうした状況下では心は十分成長しきれず、子ども部分の問題を大きく積み残したまま年齢が重ねられていくことになる。そうなると逆境やストレスに弱く、人の立場に立てない未熟で自己愛的な大人が増え、引きこもりの増加にも影響していくだろう。

　果たしてこの不安の多い現代の日本社会で、子どもたちがときを忘れて仲間と集うギャングエイジの復活は可能なのだろうか。守られた村社会が崩壊して地域の安全性が失われた現在、自由な子ども時代の保障は、社会にとって大きな難題となっているが、今後とも社会全体で考え続けていくべき課題である。

（寺井さち子）

第4章

社会福祉学的・臨床心理学的意義

1節 子育ての不安と解決

1．子どもは社会の希望

家庭にあって、子育ては生活の中心であり未来への希望である。しかし昨今の、子ども虐待やネグレクトの多発は何を意味するか。社会の子育て観や若い親たちの考え方が変わったのだろうか。

子どもが欲しい理由（日韓比較）／複数回答
（20〜30代独身男女）

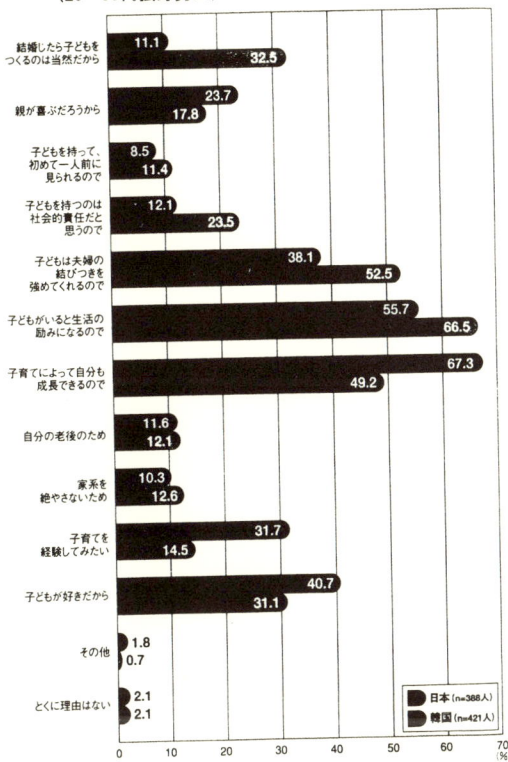

理由	日本(n=388人)	韓国(n=421人)
結婚したら子どもをつくるのは当然だから	11.1	32.5
親が喜ぶだろうから	23.7	17.8
子どもを持って、初めて一人前に見られるので	8.5	11.4
子どもを持つのは社会的責任だと思うので	12.1	23.5
子どもは夫婦の結びつきを強めてくれるので	38.1	52.5
子どもがいると生活の励みになるので	55.7	66.5
子育てによって自分も成長できるので	67.3	49.2
自分の老後のため	11.6	12.1
家系を絶やさないため	10.3	12.6
子育てを経験してみたい	31.7	14.5
子どもが好きだから	40.7	31.1
その他	1.8	0.7
とくに理由はない	2.1	2.1

端的に言えば子育ての困難とその深刻さが、子育ての本質である喜びと希望を否定し、重い苦役に歪めたように思われる。問題が深刻で困難なほど、社会の支援が必要なことは当然である。子どもは未来社会の大切な構成員であり、家族にとっての希望であると同時に社会にとっても希望である。

2．子育ては男女共同・社会の責任

男女同格の普遍化

　家族の状態と家庭の見方は戦後から大きく変わった。家族の歴史を見るとそれは社会の生産制度と関わっている。「原始女性は太陽だった」という有名な言葉がある。男も女も共に生きるため、食を得るために夢中だった時代は、女性は子どもを産むということで社会を維持してきたし、家族の中で母親だけが子どもとのつながりを証明できた。母系制はこの社会の自然な流れだった。

　時代とともに生産力が高まり、生きることに余裕ができるとそこから部族や社会ができはじめ、それを統治する者が必要になった。さらに部族間の交流や抗争が始まり、国家が生じ、力による男性の地位が高まった。一方女性は、家庭の中に閉じこめられた。ここから女性と男性の地位の違いが生じ始めたといわれる。ついに女性は家庭にあって、男性の社会的働きを補佐する地位に陥った。この歴史は長く、封建制から絶対王政と続いた。近代民主主義の台頭とともに女性も対等の人格として認められるようになったものの、その歴史はまだ浅い。

　わが国にあっては、明治維新の近代化は国家主義の強化とともに進められ、第二次世界大戦終了まで、子どもは国家の兵隊として生まれ、女性は子どもを産み育てる人とされた。戦後、女性の権利は憲法でも保障され、男性と対等な人格と認められたものの、働く場は狭く、公務員など一部の職種を除いて重要な地位には就けなかった。しかし、女性に対する過去のこの考え方は、社会的にも家庭内にも潜在意識としてまだ根強く残っている。

戦後の著しい経済発展とともに社会構造は大きく変わった。特に顕著なのが1960年代であることをさまざまなデーターが示している。最も憲法の原則を貫いていると思われる学校教育の中にもこの指摘があって、これまで男女別々の職業・家庭科教育を見直した（下表）。女性も社会での労働を男性と対等に行う権利を持ち、家庭生活に必要な役割の学習は男女まったく同等に

資料　家庭科教育の中の家族と女性の戦後50年年表

学習指導要領ができた年		教科書の家族観	性別分業	個人に価値をおく思考の流れと個人へ注目の大きさ
1947 (昭和22)年	小・中	民主主義の家族	明確な性別分業	個人
1949	高	家族の和		
1951	(小)中	夫婦家族制「近代家族」		
1956 (昭和31)	小・中・高	「家族」→「家庭」	明確な性別分業	個人
1958	小・中	集団から団体へ	(女子4単位必修)	
1960	高	個人の家庭への埋没 家庭はいこいの場		
1968 (昭和43)	小	急速な核家族化	性別分業の危機	個人
1969	中	主婦の家庭外就労の増加	性別分業の維持	
1970	高	幼・老・病者の家庭内扶養を強調	(女子4単位必修)	
1977	小・中			
1978	高	主婦の二重役割の肯定		
1989 (平成1)	小・中・高	・家族(概念)の多様化と選択 ・性別分業を排除した新しい家族観 ・高齢者問題 ・在宅介護・ボランティア・社会保障のワンセット	性別分業の排除 (男女必修) 新性別分業 (男は外、女は内と外)	個人

出生率と女性労働力率との関係の推移

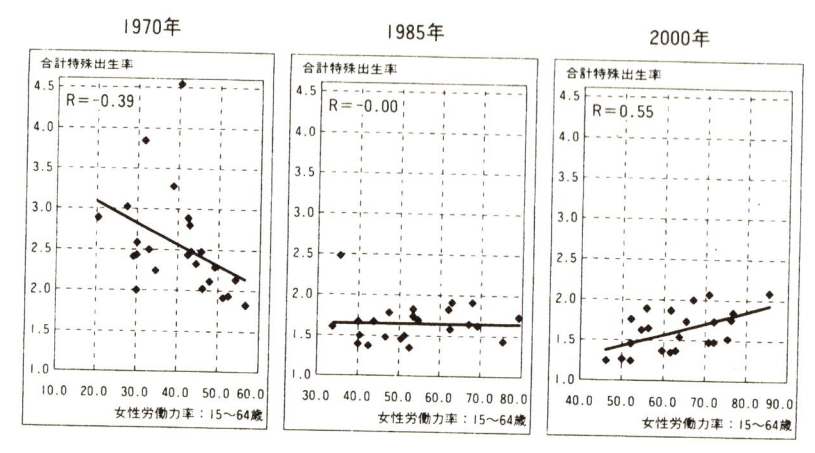

1970年　R=-0.39
1985年　R=-0.00
2000年　R=0.55

資料出所：内閣府『少子化と男女共同参画に関する社会指標の国際比較報告書』
（2005年9月）

教えることになった。この頃より、女性に労働や社会活動の生きがいを求める権利があるという考えが、社会的に普遍化したといえる。しかし、古い意識は簡単に消滅するものではなく、今なお潜在意識だけではなく、制度や法律の上に、教科書等の表現の中にも紛れていると見るべきであろう。実際、2010年の春、国連子ども権利委員会が指摘した「婚姻最低年齢の男女の違い」など、わが国の法律にさえまだ男女格差を残したものがある。この点では諸外国に比べても立ち後れているという謙虚さが必要であろう。

　法律では男女同格の社会参加と謳われているが、賃金や企業内での地位や役割には依然として男女格差は残っている。社会での不平等は、当然家庭内にも存在している。年々上昇する離婚率、その中で離婚申し出の7割が女性からとなっていることも、このことを示しているのではないか。

子育て不安の増加

　女性の労働・社会進出に伴い家庭での役割分担は絶対必要になった。しかし男女の格差意識はまだ多く残っている。経済構造の変化に伴い、家族は否

応なく世代ごとの独立世帯、核家族にさせられた。これによって子育ての支援者・相談者が居なくなった。この変化は同時に地域・隣人とのつながりを希薄にした。出生数の減少により子どもの多い家庭が減少、子どものいない家庭も増えている。子育て経験の絶対的不足は子育ての不安を高めている。

わが国の長く続く経済不況は、経済的にも家庭生活を苦しめている。統計では不況が進んでから女性の就労数が減少しているといわれるが、正規雇用が青年も減少しているように、女性にも現れているのであって、内職やパートなど非正規雇用労働は大幅に増えている。保育希望者の増大で待機児童が各地で増加しているように、止むなく専業主婦に退かねばならない女性も増えた。不況の影響はさらに男女を問わず労働時間が増え、労働の強度がたかまった。これによって生活の多忙化はますます進んだ。

これらのすべてが子育て不安を高めている。

男性の役割

子どもの健康や教育は不安があっても解消する方法は決まっている。問題は、「子育てできる生活」、「くらしの中でいかに子育てするか」である。子育ての手だてが夫婦だけに絞られている。それは社会活動と深く関わり、根本的には労働の仕組み、時間と経済の問題でもある。社会的取り組みなしには解消できない。労働時間を短縮できない研究者、医師・看護師、保育士や教師など専門職の女性の子育てには、特別な支援策が必要ではないだろうか。

昔は、家族そろって夕食がとれる家庭が普通だった。フランスなどはいまでも当然のことといわれる。この状態が、本来の子育ての必要・絶対条件かも知れない。

現実的に見て、いまこそ、家庭での男性の役割が重要になっている。両親の子育ての意識、男性の主体的な子育て参加がこの不安を解消する上で極めて重要になっている。国連では、1969年採決した宣言にあった「子育ての女性の役割」の部分を、1979年に「養育と家庭の維持は両親の平等の責任」と修正し裁決された。

子育ての不安は、親だけの問題にはとどまらない。子ども本人の、人格・命の問題にさえなりかねない深刻な事態に繋がる危険がある。そのためにも、子育てに関する親の不安は、すべて早期に軽減、解消されなければならない。子どもの悲惨な事件は、この手だてを地域・社会の力でつくり上げることが必要であり、当事者だけでなく家庭に関連・関知したすべての人が積極的に行動する必要があることを示している。

離婚と子育て

　離婚の場合、現在の法律では親権を持った側が子育ての主体となる。法律にはないが、自然に考えると、親権を持たなかった側も、子に対して親としての責任と義務を持っている。親権を持たなかった側の責任と義務については、法律等の記述も含めて社会的に明確にすることが求められる。

　母子家庭の支援についての制度は不十分とはいえ存在している。しかし、指摘されているように父子家庭の支援制度が検討されている。シングルでの

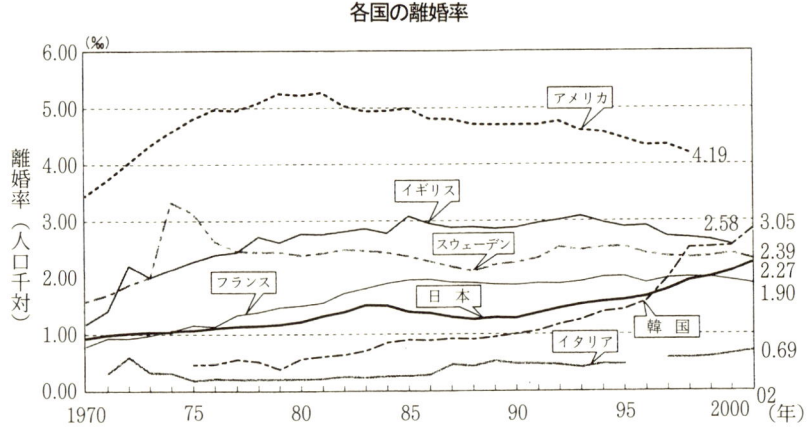

各国の離婚率

注　日本、韓国、スウェーデンは2002年、フランス、イタリアは2001年、イギリスは2000年、アメリカは1998年

出所　厚生労働省『離婚に関する統計―人口動態統計特殊報告―』、UN, *Demographic Yearbook*、国立社会保障・人口問題研究所『人口の動向 日本と世界―人口統計資料集―2005』より作成。2002年の日本の数値は*Demographic Yearbook*の値

子育てには、男性、女性にかかわらず、経済的・精神的に大きな負担がかかっていることは容易に推測できる。

3．子育て支援の社会化

積極的に地域へ

　保育園は親の社会活動を支えるためだけではなく、乳幼児から集団での養育が有効という声も多い。政府も、幼稚園と保育園の同一化を検討している。子育ての社会的責任が追求される一方、子育てを家族、親だけでの問題と捉え、子育ての不安や困難を家庭の外へ出さない「ひきこもり」家庭もある。

　子育てを家族とともに地域で進めようとするグループは各地にできている。子どもの遊びや学習、親としての経験交流や互助システムなどもある。多種多様にある子育ての公的支援や民間の取り組みを有効に受けるためには、病院や保育園など現に関わっている施設などに相談するなど、親の積極行動が望まれる。

公的支援制度の利用

　各行政は子育ての不安・悩みをその内容ごとに関係機関を設けているが、相談の窓口は保健所や地域の民生委員など、身近で、つながりのあるところで良い。

　政府は2010年、「こども・若者育成支援推進法」を発効させた。現在でも、各行政はそれぞれ違いがあるがさまざまな子育て支援制度を提供している。

　子育て中の家庭は、この制度を有効に利用するとともに、自らの生活に求められる内容（支援金額や利用条件など）に改善させる要求を地域やグループでまとめてゆく取り組みが欲しい。行政はこの要求を元にして、制度を改善してゆく。

危険な「子育て論」

　子育てに必要な知識や技術は多岐にわたっているうえ、さまざまな情報が渦巻いている。子育て・教育は結果がすぐには現れず、正しいものがなにかをいっそう分かりにくくしている。これにつけ込んだ利益追求の「教育産業」も見られる。さらに根拠のない子育て方法論もある。これらの中には、誇大、虚実ならまだしも、子どもの命に関わる危険な「子育て方法」もある。膨大な被害を受けた例や、子どもの健康や精神に障害を与えた例もある。

　いま社会問題とされている「ひきこもり」青年の多くは、その青年の個性に合致しない子育て・教育によって深刻化したといわれる。

4．乳児の教育

　誕生直後から乳児期の数年間の教育に関しての心理学的研究では、動物実験等から学んだ研究において、著しい成果が見られたが、教育的な研究報告は極めて少ない。

　乳児の教育とは何かについて、さまざまな言い方がされるように、多くの内容を持っている。教育とは人間が成長するための生きる力量を高める行為であり、教育は生きることをより豊かにするうえでかかすことのできない行為である。教育を受ける権利は本来社会権とされるが、生存権に属するとさえ断言する研究者もいる。まったく言葉を持たない乳児の初めの教育は、意志を伝えることに間違いない。これを教育としてどのように考えるか、これが乳児の教育の課題である。

言葉を学ぶ

　第一に挙げられるキーワードは「学ぶ（まなぶ）」である。「まなぶ」は「まねる」ということばから始まったといわれる。学ぶことは、周りの人の発音・言語を真似ながら、社会に生きるために最も重要なコミュニケーショ

ン能力・発音や表情を身につけながら、「ことば」として自らの意思を表現する力と知恵を身につけ、自らの意思そのものも育ててゆくことである。この行為は誕生直後から直ちに始まり、視力や聴力の高まりとともに強まり、はいはいや歩行による行動の広まりで加速度的に高められる。

　言葉は、音声だけで獲得されるものではない。繰り返される行為の中で音声を発する人々の表情を重ねて、言葉の意味を深めながら言葉として獲得する。表情のない音声だけからの学びでは、豊かな表情を伴った音声に比べ獲得の早さが違うだろうと推測される。特に触覚は感情を安定させたり、不安を強めたりする大きな要素であり、同じ意味で明るさや香りなども学びにとって意味を持つことが考えられる。環境ぐるみの豊かな表現は、言葉の意味をさらに深く理解させるように思う。

　そのためには常にまねることのできる者が子どもの周りにいて、子どもの欲求に沿って適切に提示されなければならない。子どもの欲求は刻々と変化しているので、与えられる刺激が子どもの欲求に適切か否かは、子どもがことばを獲得するうえで決定的ともいえるほど重要である。

　この点をわが国の家庭の状況から見ると、都市部だけでなく、地方にあっても急増している核家族・共働きの家庭で、ことばの学習をどのようにするのがよいのであろうか？　一方、高齢者を含む多世代や多くの兄弟が同居している家族では、この重要さを自覚せず子どもとの対応がおざなりになっていることが少なくない。煩雑に紛れ過度な刺激の中で子どもの欲求とは合致していない不適切な刺激が繰り返される場合もあるのではなかろうか？　家庭での子どもを取り巻く環境が著しく厳しくなっている点を意識的に見て、よりよい解決策を見つけることが必要である。

教えること

　「学ぶ」行為の裏表の関係にあるのは「教える（教育する）」である。子どもが自らの自主的・能動的な教育的行為としての「学ぶ」に対し、「教える」は周りから与えられる教育的行為であり、子どもにとっては受動的なもので

ある。与えられる行為が子どもの欲求と違ったり、子どもがまったく理解できない場合がある。欲求とのずれや理解できないことの押し付けや繰り返しが、子どもの不満、いわゆる欲求不満となって蓄積される場合がある。その欲求不満は、その後の教育に無気力や拒絶などさまざまな否定的行動を起こすもととなり、子どもの成長にきわめて有害であることが数多く報告されている。

子どもの要求に沿って

　教育を促す要素には、要求（欲求）から始まった関心・興味がある。サルから進化したといわれるヒトは、生まれてすぐに強い握力を持ち手を握って生まれてきた。誕生からすぐに子どもは見えぬ目で母親の乳房を探し求め、その強い握力で乳をのむ。ここから直ちに成長が始まり学びと教えが始まる。要求は教育の土台であり、意欲の源泉である。子どもの要求に沿って教育が始まり、獲得した知恵を元にして新たな教育が進む。しかしあくまでも教育の土台は子どもの欲求であり、「要求」であることを、乳児の間は特に意識しなければならない。ことばで人の要求を理解しあっている大人にとって、ことばを持たない乳児が何を求めているのかを理解することは、容易なことではないように思える。

　子どもの要求、状態を正しく理解することなくして教育はありえない。まちがった教育は場合によっては、子どもの発達を阻害する。「母親は、最高の小児科医」といわれるのはなぜか？　樹木医が「樹は語りかける」などというのと同じで、「観察」がことばを持たない子どもの要求を理解する唯一の方法である。特に愛情を持っているものに対しては、もっと深く観察ができる。反面、観察が深まり理解が深まれば、愛情はいっそう深くなる。子どもの年齢を問わず、教育にあって観察は欠かすことのできない重要な手段である。

注意すべき点

　乳児の教育は、子どもだけではなくすべての教育の原形と見なす必要がある。ことばを持たない子どもへの教育に必要なことは、実はことばを持っていると思われる成人での必要な配慮と同じである。誕生から数年間における教育的配慮と、その中で会得した教育観と教育的技量は、その後の子育てに大いに役立つであろう。

　現代青年の困難を見るとき、乳児期にすでに持っている個体としての特性を考える必要がある。薬物、アルコールだけでなく、両親の生活のなかに自覚しないままに入り込む不自然な物質や習慣は、現代社会ではいくつもあるだろう。これらの良くない点が子どもに何らかの問題として引き継がれることが予想される。そのほか両親にとっての過剰な心的ストレスからの影響もある。そのような問題点や困難点を持って誕生した子どもを、どのように教育すべきかが重要である。しかし現代青年期の困難さを見るとき、その多くは子どもの特性や発達を無視し、子どもの精神的不安定をそのまま引きずりながら「教育」を続けた結果ではないかと思われる場合が多い。これは乳児期にも考えられる。

（石井　守）

2節　子育てにおける高齢者の存在意義
――高齢者の教育参加・子育て参加の教育的・社会的意義

1. はじめに

「高齢化社会」と呼ばれて久しい。ここには福祉・医療費をめぐる財政上の問題意識がきわめて強く働いてきたことは確かです。これまで、高齢者に対する福祉・医療は不十分であったにせよ国家・自治体の財政から支出され、それは公的なサービスと捉えられてきました。ところが高齢化社会になってしまえば、その財政上の負担がますます大きくなることが予想されることになります。その解決の道筋をどうするのかが喫緊の課題として登場し、「高齢化社会問題」が浮上してきたのです。

しかしながらこの「高齢化社会問題」というのは、実際には高齢者への公的サービスを圧倒的に縮減していく政策を具体化するための名目として機能してきただけにすぎません。声高に「高齢化社会が問題だ」という人の議論については、少し立ち止まって考えなければならない点がいくつかあるように思われます。

私自身は、現実に日本社会が「高齢化社会」となっていることは事実として承認します。しかしながら、それをまるで「問題」であるかのようにする議論については、次のような点で論点のすり替えであり、問題を正確に捉えていない欠陥があると思っています。

第一に、国家・自治体の医療・福祉をめぐる公的サービスは、諸外国のそれと比較してみても、日本の場合特別に財政に負担をかけるほどの費用を計上してこなかったということが指摘されます。つまり医療・福祉費は、国家・自治体の財政内訳の中でそれほどの負担となってはおらず、むしろ「公共事

業」とよばれる土木工事費・建設費・大型事業費のほうが、はるかに財政上の負担を生み出してきたし、そのことの方がはるかに重大な問題だと思われます。「高齢化社会が問題だ」という意識の持ち方は、こうした財政上の構造（しくみ）を見えなくしてしまう危険性があるのです。

　第二には、税制上の負担者が支えるべき人口は、高齢者には止まらないということがあります。労働人口が財政上支えなければならない人口の中には、じつは「高齢者」の他に「子ども」が存在しているのです。つまり子どもの教育費や医療費も、同様に社会が負担すべき費用として存在しているのです。「少子高齢化社会」においては、高齢者への福祉・医療費は増加しますが、同時に子どもの教育費・医療費負担は減少すると考えられます。もちろん「少子高齢」が永続的に続くとなれば大きな問題が生じることは確かなのですが、当面の財政負担としてはそれほどに問題とはならないはずなのです。

　そして何よりも、第三の問題としては、上記の議論は高齢者の存在を「ただ税制上、保護されるべき人間」としてのみ捉え、人間社会の中でのその主体的な活動のあり方を問う視点を決定的に欠いている点を指摘できます。

　現実として、多くの高齢者が一般的に定年とされる60歳を過ぎてもなお、さまざまな場面で労働やボランティアなどの社会的活動に参加しています。そのことを通じて一定金額の税金を納めてもいますし、経済効果を生み出すような活動に取り組んでいる人も少なくはありません。当然のことながら、高齢者は消費活動をおこなう主体でもあるわけですから、「消費税」を通じての税負担者であることは間違いない事実です。

　そうしてみれば、「高齢化社会」を財政削減の名目として捉える論議の組み立てから、もう一度、高齢者が果たす社会的役割を再検証する形で論議を組み立てなおさなければならないのではないか、それが筆者の問題意識です。

　そこで本論では、高齢者による教育参加・子育て参加にテーマを絞り、そのことによる教育的効果について教育学的見地から確かめていくこととしたいことと、さらには社会的・経済的な意味や可能性をどのように見出していくことができるのか、この点についても考察を加えていきたいと思います。

2．高齢者の教育参加・子育て参加の教育的効果

　まず、高齢者が子育てに関わることの教育的効果について考えてみます。真っ先に思い浮かぶのは、高齢者はいずれも社会的経験が豊富であり、またその大部分の方々はすでに子育てを体験しているという点です。このことから高齢者の教育への参加は教育的効果が大きいと判断されます。

　子育てというのは、初めてそれを体験する人にとってはたいへん不安なものです。たとえば、乳幼児というのはすぐに「シャックリ」を始めますが、こんなことさえ親は心配になってしまいます。「小さいおもちゃを飲み込んでしまった」「なかなか泣き止まない」というようなことも、他の人からみればささいなことなのですが、親にしてみれば一大事なのです。こんなときに、子育てを体験してきた高齢者の方々にすぐに相談して、「大丈夫だよ」と声をかけてもらうことは、子育て中の親にとってはたいへん心強いものなのです。

　また、「勉強ができない」「この子どもの将来が心配」というような漠然とした不安が子育ての環境を取り巻いていることも、現代的な課題となっています。こうした不安定な親の精神状況が、子どもたちの不安定さと結びついているという指摘もあるくらいに、この問題は重要になってきています（さしあたり、汐見稔幸さんの『親子ストレス』平凡社新書が参考になります）。

　こんなときも高齢者の豊かな社会経験が大きな意味を持ちます。角田光代さんが書いた『対岸の彼女』という小説があります。角田さんはこの小説で直木賞（2005年、132回）を受賞されています。この小説の中で、子育てで不安な毎日を過ごす（いわゆる核家族で、夫婦と子どもだけの家庭で子育てしている）若い女性が主人公として登場します。彼女は指しゃぶりばかりする自分の子どもが心配でならないのです。このとき職場の先輩が、「大丈夫よ、20歳まで指しゃぶりをしている人はいないわ」と答えてくれて、それで彼女は精神的に非常に安定していくというシーンが描かれています。

こんなことでさえ、とお思いになる方もいらっしゃるかもしれませんが、ここには現代的な子育て環境のしんどさが明確に描かれ、それを乗り越えていくきっかけが、本当にちょっとした年配の方からのアドバイスにあるのだということが見て取れるように思います。

　今、日本社会は、「格差社会」とよばれるたいへん歪（いびつ）な社会構造となり始めています。こうした社会にあっては、「受験競争」を批判するのが難しくなり始めています。なぜなら、「受験競争で勝ち抜かなければ、幸福になれない」と思えるような格差社会が目の前にあるからです。結果、親も教師もこの競争からは降りられないような気持ちを抱えており、子どもたちに無理難題を押し付けているように見えるのです。

　しかし、教育学的には、この過度に競争的な教育環境は子どもたちにきわめて強い精神的なストレスを与えることになり、逆に勉強嫌いの子どもを増大させてしまい、日本の子どもたちの学力は予期に反して低下を始めているとさえ考えられています。世界各国の教育学の専門家で構成されている「国連子どもの権利委員会」は、日本の教育制度に対してこの「過度に競争的な教育環境」を改めるよう勧告していることは有名です。

　子どもたちが、自分の内面から湧き上がるようにして「もっと勉強したい」と思うこと（これを教育学では子どもの「発達要求」といいます）、本当はこのことを教師も親も大事にしなければならないのです。そのためには、「勉強って何？」「生きるってどういうこと？」というような子どもの内側の声に耳を傾け、子ども自身が「もっと学びたい」「もっと知りたい」と思えるようになるのをじっと待ってあげることが必要なのです。

　私は、高齢者はそうした子どもの成長を「じっと待っている」「じっと見つめている」という役割を果たすことができる人たちだと思っています。それは決して「他人ごと」だからそうできるというわけではないように思います。人生を貫いて学んだことがどう生きるのか、自分自身に照らし合わせながらその答えを子どもたちと一緒に考えていく、紡ぎだしていく、そのような役割が高齢者には期待できると思うのです。

そして、「究極的には」ということになると思いますが、このようにして高齢者と関わりながら育った子どもたちは、高齢者の社会に対する役割を理解することができ、高齢者へのいたわりの気持ちも芽生えることだろうと思います。長い年月を生きてきた方々への敬意とともに働くことの尊さも実感できることだろうと予想します。そのことは、冒頭述べたような「福祉切捨て・お年寄りいじめ」と呼ばれるような現代の政策への痛烈な批判となることだろうと思いますし、「働いても働いても豊かになれない＝ワーキング・プア」を生み出すような今の日本社会のあり方そのものを問い直していく契機にもなるのではないかと思います。

3．高齢者の教育参加・子育て参加の社会的意味と可能性
　──地域再生の課題と教育・子育て運動の役割

　こうして考えてみれば、高齢者の教育参加・子育て参加には、単なる教育的効果のみならずいわば「社会的な効果」や「経済的な効果」も期待されるのではないか、と私は考えます。
　今、「格差社会」の中で、都市と地方の間にも、そして都市に住む人々の間にも「格差」が広がり、そのことによる弊害も具体的に現れ始めています。その顕著な例が、「コミュニティの崩壊」です。
　現代のグローバル化とよばれる社会状況の中で、地域のなかで人間らしく生きるための「生活の基盤」が失われつつあるのです。仕事がうばわれていく、仕事をしていても人間らしく生活できない、こういう生活の苦しさが生まれています。その一方で、仕事がいそがしいためにまともな家庭生活が営めない、ましてや地域の集まりに顔を出すこともままならないという人々がいるわけです。こうして人間同士の関係が切り崩され、地域が地域として成り立ち難くなっているのではないでしょうか。
　こうした中にあって、教育運動や子育て運動は、これからの新しい地域づくりの中心的役割を担うことになるであろうと私は考えています。

実際に、北海道の宗谷地方や福島県の三春町などでは、地域の子どもたちが地域づくりの担い手として大切な存在であることが確認され、子育て・教育をただ学校や教師に任せるのではなくて、地域全体で関わっていこうとする取り組みになってきています。ここには、経済的な行き詰まりのなかで生じている人口減少などの問題を、地域の活力を生み出していく力を持った青年たちとして地域に根づくように、みんなで支えていこうとする問題意識があるのです。

　本来、子育てや教育というものは、その地域に住む人々にとって共通の関心事であるはずです。受験競争の中で「自分の子どもだけができる子どもになってほしい」と考える人が少なからずいるかもしれないということを私も承知しているつもりですが、教育学的な見地からいえば、この考え方は実に不合理なのです。

　なぜなら、人間の発達は、その出発点からきわめて強い社会的性格を持つものとされているからです。たとえば、人間の発達にとって「ことば」の習得は非常に大きな意味を持つものであることは明らかですが、この「ことば」の獲得過程において、人間は「他者」の存在を必要とするのです。乳幼児は、自分が発する「ことば」を受け止めてくれる身近な人の存在があり、初めてその「ことばの意味」をつかんでいくようになるわけです。

　だから、「教育」というのは、どの国に行っても集団的かつ組織的に行われるのです。どんなに優秀な家庭教師を雇っても、どんなに立派な両親がいたとしても、たったひとりで学ぶことはできないといってもいいくらいなのです。それくらい、子どもの発達にとって共に学んでいく「仲間＝他者」としての第三者の存在は重要なのです。つまり、「自分の子どもは勉強ができる子になってほしい」と願うのならば、その地域の子どもたちみんなの健やかな成長を願うべきだと考えるのです。そう考えれば、今日の価値観のなかで身勝手に見える親・父母たちとも、共同することができると思います。

　このとき、子育てを終えた高齢者たちが子育てと教育を中心の課題としながら集いあい、そこで語りあいが広がるならば、それは「地域再生のセン

ター」となるのではないかと私は考えます。

　子どもたちが遊んだ「空き地」は、今、次々と100円パーキングに変わってきています。だから子どもたちは、ゲームやデパートでの買い物など消費文化に浸ってしまうのです。子どもたちにとって「遊び場所」がどれほど大事なものなのか、子どもたちが安心してしかも安全に遊べる場所はどこにどのようにつくるのか、地域の教育環境を考えることはそのまま「地域づくり」の課題です。コンビニエンスストアに陳列されている有害な書籍・商品の問題をどう考えるのか、青年・若者が安易に多額の借金をつくってしまうような「消費者金融」の存在をどう考えるのか、いずれも地域の課題そのものなのです。

　さらには、地域の中に、「働き場所＝生活空間」をどうつくり出していくのかということも課題化されることになるでしょう。先ほど述べたように、今、「格差社会」のなかで、20〜30代のなかに「非正規雇用者」が圧倒的に広がっています。この青年・若者たちに地域がどのようにして働く場所を確保し、あるいは彼らの生活をどのように保障していくのか、そのことを地域全体で考えなければなりません。子育てに関わるものにとって、最終的にこの課題は避けて通ることのできないものだからです。いま地域から流出していかざるをえない青年・若者たちが多数います。彼らを地域につなぎとめ、地域を担う次世代として、彼らの労働保障・生活保障にまで関心が及ぶことになるだろうと思います。

　そう考えれば、この教育運動・子育て運動は、地域にとって大きな経済的効果をも生み出すことになるとさえ期待されるのです。経済効果に関していえば、教育に関する費用は本来社会的に負担すべきものであり、これを高齢者によるボランティアでまかなうことには諸手をあげて賛成するわけにはいかないのですけれども、そうした一定の留保はしたうえで、経済効果を期待してもかまわないと思います。また、教育効果が上がれば社会における犯罪率の抑止効果も期待されますので、教育運動・子育て運動による経済的波及効果は計算してみればかなりのものになると予測されます。最後にこの点も

付け加えておきたいと思います。

4．おわりに

　かつて宮原誠一という教育学者は、「地域のなかで新しい地域をつくりだしていく長い年月を、私たちは青年たちとともにもたなくてはならない」（『青年期の教育』岩波新書）と書きました。1970年代、相次ぐ地域開発政策のなかで地域の自然環境は破壊され、公害が広がり、地域に住んでいた青年たちは次々と都市労働者として移住し、逆に都市は一挙に人口が拡大しスラム化する、都市でも地方でもその疲弊が明らかになりました。宮原はその現実を目の当たりにしながらこうした課題意識を持ったのです。

　私たちがいまこの時代をふりかえっていえることは、このような時代にあってなお日本の教育運動・子育て運動は大きな遺産をつくり上げてきたということです。「子どもたちに安全な食料品を」という願いから生活協同組合運動がスタートしていきましたし、「地域に根ざす学校づくり」とよばれる教育運動が全国に広がりました。

　今日、新しい社会状況の中で、この課題意識を新しいかたちで発展させ継承しなければならない時代になったのではないかと私は思います。今日の社会の特徴は、70年代とは比較にならない規模で格差が広がり、都市でも地方でも生活の貧困化がすすんできているということにあるように思います。そのことは、逆の言い方をすれば「地域のなかで新しい地域をつくり出す」という課題を、国民的な合意とすることが可能な社会になったということでもあるのではないでしょうか。

　しかも70年代に子育て運動・教育運動を担った人たちが、今度は定年退職をむかえ、高齢者として子育て参加・教育参加してくることになるわけです。その方々のたくさんの知恵と豊かな経験がこれほど求められている時代はなかったといっても過言ではないのではないでしょうか。

　高齢者の子育て参加・教育参加が全国各地で広がり、子育て運動・教育運

動の遺産が次世代へと引き継がれていく、そのことが、ひいては子どもをふくめた若い世代を大いに励ますことになるであろうと思います。

（石井拓児）

3節　子ども支援：ニュージーランド・英国に学ぶ

　近年の日本は、対人関係の砂漠化が見られ、無気力、消耗感、うつ病を頻発する社会となっている。それらの原因は、「乳幼児期から始まる社会経験が浅く、その後の教育・余暇そして文化的活動を通じて社会性を学ぶ環境やシステムにおいて未熟な状態にある」ことが国連子どもの権利委員会より指摘されている[注]。そのような勧告をされる状態であっても、日本は教育制度を改革したり、国際条約に適合させたりするための努力が不十分であり、かつ日本政府の対応はきわめて緩慢である。

　第二次世界大戦後に右肩上がりの経済成長を遂げた日本では、一般家庭の親はその成功体験と豊かさに幻惑され、経済至上主義・能力至上主義に傾倒した。放任的教育制度を是とし、過当競争的な学力重視の社会教育が重視され、それが児童の心身の健全なる発達に悪影響をもたらし、児童の最大限の発達の可能性を妨げてきた。子ども教育の過熱は沈静化することなく、現在に至っている。その影響下で、子どもたちは、自由で発展的な人間関係と社会関係を経験することなく、すなわち人間関係に対して人の精神がブレイクしている状態となり、一部の若者は社会生活に困難を生じ、長く「引きこもり」をする状態、もしくは、モラトリアム人間（社会的成長を自らの意思で遅らせようとする人間性）となっている。

　幼少の遊びのなかで培われる経験や創造的活動は、その後の人間関係を強化する。しかしながら、幼い頃よりの重層的な経験の不足は、情緒的にも乏しい状態をつくり出し、無気力でおとなしく見える子どもばかりとなる。彼らは小学校より塾通いをしても不満を訴えない。

　ネズミの実験でも肉体的なストレスなら毎日繰り返すと慣れが生じる。しかし、心理的なストレスには慣れが生じないどころか、あるいはストレスが

逆に強まり身体的疲労をきたす。若いネズミは疲労からの立ち直りが早いのに対し、中高齢のネズミは不安や恐怖が長引く。これはヒトにおいても同様で、40歳、50歳といった熟年にうつ病が多いのも、ストレスに対する回復力が弱いからであろう（大島清著『脳が快楽するとき』集英社、1999年7月）。

　年齢に関わらず、人の精神はネグレクトや虐待を受けると、ココロは衰退するか、あるいはブレイクする。ブレイクした場合には、元に戻すのは困難である。

　個人の個性を伸ばす教育には強い自信が必要である。日本社会は個性的な人を望んでいない。小さな会社で人と違ったものを開発して大金を儲けようとするのは外国のやり方である。日本では、よりよく模倣できて何でも適応できる頭の良い人、組織でうまくやっていける人が理想の会社員であり社会人であるとされる。ところが現在、社会はグローバルな視点で、新しい文化や分野の新開発できる人材を求めている。しかし、そのような人を画一的志向の日本社会で見出すのは難しい。

　ニュージーランドの国家が子どもの教育に求めることは、「教育とは、経済や社会発展をするための国の芯である」と考えている点であり、これは日本が学ぶべきことである（ニュージーランド資料）。ニュージーランドの義務教育は1877年に開始された。その運営は、1889年に寄付を主な財源として貧困家庭を対象とした無償幼稚園を設立したことに始まる。さらに1941年にはミドルクラスを対象とするプレイセンターを、親がセンターの運営をする形で発足させた。それは親の社会活動に参加する意義と、教育のねらいは育児を主眼としたものであった。

　現在では無償幼稚園や保育所、プレイセンター、テコハンガレヲ（マオリの乳幼児施設）、家庭保育所、通信保育所、プレイグループ、パシフィックアイランドグループなどの多様な保育施設があり、幼児は一つにしか所属できないのではなく、複数参加できる形になっている。とりわけ、「Parent as First Teachersプログラム」は、幼児教育アドバイザーが家庭訪問をして親を指導することまで計画されている。

以下にニュージーランドと英国の教育目標を示す。

ニュージーランドの教育目標

　教育は、経済や社会発展するための国の芯である。政府は、教育への基本重要性の認識において、ニュージーランド教育制度に以下の目標を定めている。
1. すべての生徒は、個人として自分の最大限の能力を実現することと、ニュージーランドの社会の一員となるのに必要な価値をつくるため、カリキュラムにより高水準の目標を達成すること。
2. すべてのニュージーランド人には教育の機会は平等であり、それを明らかにし、達成のための障壁を取り除いていく。
3. ニュージーランド人が、現代の変化する世界で成功するのに必要な知識、理解力、技能を発達すること。
4. 子どもの最初の先生として重要な役目にある両親への支援を含む課程を通して、将来の学習を達成するために学習年齢初期での健全な基盤づくり。
5. 最重要の学習範囲にわたるしっかりした課程による幅広い教育、読み書き、計算、科学、技術、体育の能力を高く発達させることが優先である。
6. はっきりした学習目標に対して、生徒の成績の観察と個人のニーズにあった課程を通して高い水準を達成する。
7. 特別なことが必要な生徒は、しっかり観察し、適切なサポートを受けることを確立して学習を成功させる。
8. ニュージーランドでの学校教育後、上の教育レベルへすすむため、国内と国外に認められる資格システムを生徒が獲得できるようにする。
9. ワイタンギ条約の思想に忠実に、マオリ語教育を含むマオリ教育の進歩を手始めにマオリ人の参加と成功を増加させる。
10. 国際共同体の国家の一員として太平洋のニュージーランドの役割とマオリ人のいる唯一の場所の認識とともに多様な民族とニュージーランド人

の文化遺産を尊重すること。

英国と日本の教育を比較してみる

表1. 日本と英国の家庭教育

	日 本	イギリス
授乳・就寝等の生活時間の躾	比較的緩い	時間を守る
大人と子どもの時間の区別	共にいることをよしとする	行動、活動の内容によって、大人と子どもの時間を区別する
文字教育	家庭で母親が中心となり教え込む	労働者層は幼児学校中心、中産階級では家庭と幼児学校で学ぶ
母子関係	心理的一体感が強い	言語的関わりを多くする
親子関係	親が情報や意見を発し、子どもは受動的	子どもの自己表現、自発性を尊重する

表2. 日本とイギリスの幼児教育の機関の特徴

	日 本	イギリス
先生一人当たりの幼児数	多 い	少ない
授乳・就寝等の生活時間の躾	比較的緩い	時間を守る
子どもの発達観	努力重視、クラス全体のレベルに合わせる	能力を重視、個人差を認める
教育形態	画一的・管理的	言語的、応答的教育
教育の目的	情操教育・社会性の発達	知的教育・社会性の発達
クラスの統制	集団のルールへの従順重視	集団のルールへの従順重視
育みたい子どもの特性	協調性	自発性・能動性

佐藤淑子・日本とイギリスの家庭教育

「日本とイギリスの幼児期の教育を比較すると、日本は集団の中の従順や協調性という自己抑制の発達に価値を置いているのに対して、イギリスでは

子どもの主体性や個性という自己主張と従順という自己抑制の両方の発達に価値を置いている」ことを佐藤淑子は表している。

　一方、大人の日本社会の特徴は集団主義であり、企業を初めとして組織は集団的に運営され、そのメンバーである個人はそれに適合するような行動特性を身に付けている。しかしながら近年日本人の労働指向が集団主義から個人主義へ、とりわけ、IT（情報技術）を初めとする技術革新は「チームではなく一人ひとりが独立して、する仕事」を増加させている、社会が急速に移り変わりつつある中で、子ども時代の教育は将来の基礎をつくる重要な意味を持っているわけで、「子育ての目標は将来どのような人間になって欲しいのか、つまり将来に目的を定めて、それに向かって前進することが最大の使命である」と子育てについて星一郎は表している。

　しかし、現在の少し成長した中学生の生活の目標について、「どのような生き方が望ましいか」の価値観調査をした結果が、NHKの生活と意識調査に現れている。中学生は「その日その日を、自由に楽しく過ごす」や「身近な人たちと、なごやかな毎日を送る」が多かった。この生き方は将来のことよりも現在の感情を大事にする考え方である。これに対して未来志向型の「しっかりと計画を立てて、豊かな生活を築く」や「みんなと力をあわせて、世の中をよくする」と答えた中学生は小数派であった。さらに「その日その日を自由に楽しく過ごす者」に「ほとんど勉強しない」が36％と高く、「しっかりと計画を立てて豊かな生活を築く者」には「ほとんど勉強しない」は19％と低い値であった。この傾向は国民全体でも同様に現れて、親社会（大人）の生き方が「現在中心」になっていることから、子どもにとっても「未来志向」は難しい時代であるといえよう。

中学生の生活の目標

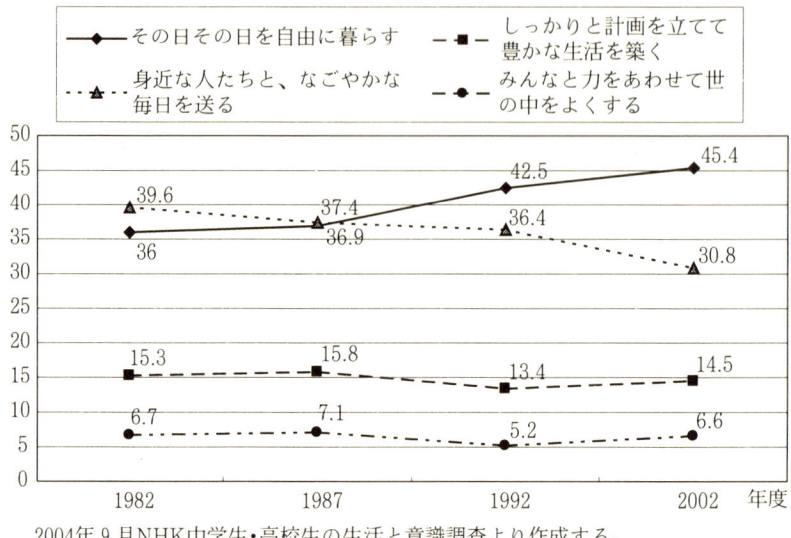

凡例	1982	1987	1992	2002
その日その日を自由に暮らす	36	36.9	42.5	45.4
しっかりと計画を立てて豊かな生活を築く	—	—	—	—
身近な人たちと、なごやかな毎日を送る	39.6	37.4	36.4	30.8
みんなと力をあわせて世の中をよくする	15.3	15.8	13.4	14.5
(最下線)	6.7	7.1	5.2	6.6

2004年9月NHK中学生・高校生の生活と意識調査より作成する。

　現在の日本人の母親は伝統的に幼児期の躾が、比較的緩い、間接的な叱り方をして、ほめる・叱るも「黙って見守る」が肯定的であるが、叱りたくない母親側から見ると、叱られた子どもが怒ったり泣いたりすることが母親の大きなストレスとなるとされる、これは母親に情緒的に不安な状態を与えている懸念がある。

　未来志向ができる英国の若者は、国家が教育と福祉を責任を持って支援している結果だとされる。たとえば「LD：ラーニング・デサビリティ」は幼児期に早期の支援をし、教育現場への教師数の加配を行った。その結果、その考えを受けた子どもが社会に還元されて、今社会人として存在している。またニートへの教育福祉の支援システムも確立している結果、現在の失業者は年々減少傾向を示している。これには日本が大いに学ぶべきところであろう。

　しかしながら、いずれの国においても「子どもたち」の最初の教師は親であり、子どもは情緒的な安心感のある親との関わりの中で、育まれなければならないと考えられる。

注

子どもの権利委員会の最終見解；日本　2004年2月26日　条約略称CRC
基本的保健及び福祉において
　No45. 青少年の健康に関しストレスや欝を含む精神的感情的障害が多く見られること、および青少年の精神面の健康について包括的な戦略が欠如していることについて懸念する。委員会は、締結国に対し、青少年の健康に関し、適当な場合には予防措置も含む、精神面の健康、性と生殖面の健康、麻薬中毒及びその他の関連問題に対処する包括的性政策を策定するために、青少年の健康に関する調査を実施することを、勧告する。
教育・余暇そして文化的活動において
　No49. 委員会は、締結国の、教育制度を改革し、条約により適合させるための努力について留意する。しかしながら、
（a）教育制度の過度に競争的な性格が児童の心身の健全なる発達に悪影響をもたらし、児童の可能性の最大限な発達を妨げること
（b）高等教育への入学の過度な競争が、公的な学校教育が私教育により補完されていることを意味し、それは貧困家庭の児童が受けることのできない教育であること
（c）学校での子どもの問題および争いに関して、親と教師の間のコミュニケーションおよび協働が限られていること
について懸念する。**2010年の勧告については、附章（160頁）参照。**

参考文献
1）高田明和著『ストレスがもたらす病気のメカニズム』角川書店、2003年12月
2）大島清著『脳が快楽する時、心理的ストレスに慣れはない』集英社、1999年7月、p.136-140
3）佐藤淑子著『イギリスのいい子　日本のいい子』中公新書、2003年2月
4）NHK放送文化研究所編『NHK 中学生・高校生の生活と意識調査―楽しい今と不確かな未来―』日本放送出版協会、2003年6月
5）星一郎著『アドラー博士の子育て5原則』サンマーク出版、2002年4月

（平塚儒子）

4節　幼児期の遊びや過ごし方について

はじめに

　人間の記憶は3歳くらいまではありませんし、3歳から小学校に入学するまでの記憶も断片的なものです。ですから、親が自分の記憶の中にある乳幼児期の経験を引っ張り出して子育てをすることは、元々できません。自分のお母さんや先輩のお母さんの経験を聞いて育児をするほかはありませんが、そのときに大事なのは自分のお子さんと関わりながら十分に子どもそのものを見ることでしょう。とくに乳幼児の遊びについて知りたい場合には、「何を面白いと思っているのか」という点から子どもを見ていけば、よく理解できます。そして、一緒に楽しむことができれば何よりでしょう。

赤ちゃんの遊び

　子どもが寝返りをするようになり、やがて「はいはい」をするようになりますと、親の眼には「いたずら」と映る「遊び」(本人はいたって探索的です)が始まります。
　たとえば「はいはい」をしてティッシュペーパーの箱を見つけて手にしたとしましょう。多分それ以前に親がティッシュを引き出していたのを見ていたのでしょう。子どもはたいていティッシュを引っ張り出します。すると、下から次のティッシュが顔を出します。最初はちょっと驚いたような顔をするのですが、2〜3回同じことをしているうちに、満面に笑みが広がります。そのうちに部屋中にティッシュペーパーが散乱してしまいます。そのとき、子どもは何を面白いと思っているのでしょうか。自分がある行為をすると

（この場合はティッシュを引っ張り出す）、対象が同じ反応をしてくれる（下からティッシュが顔を出す）。これが面白いのです。よく似たことは、スプーンで叩いたら音がした、障子に指を突っ込んだら穴があいた、など多数見られます。「いない、いない、バァ」は大人の方から働きかける遊びですが、これも「同じ行為──同じ反応」を楽しむ遊びです。

　大事なことは、子どもは「いたずら」をしようと思ってはいないことです。子どもは周囲にあるさまざまなモノの「性質」を探索し、ひとつひとつ確かめているのです。危険なことは止めなければなりませんが（小さなモノを口に入れるなどの）、親も微笑んで見守るとか、「だめだよ」といいながらも子どもの行為を受け容れて学習させていくことが大切になるでしょう。

幼児前期（3歳頃まで）の遊び

　こうした「モノそのもので遊ぶ」という遊び方は、2歳の後半になるまで続きます。家庭用の積木があるとしましょう。この頃の子どもは積木で独特な遊び方をします。家や船や電車をつくったりするのはもっと後のことで、この頃は「分類」に熱中しています。色（緑、青、赤、無地）別にひとつひとつの積木を「分類」し、すべてやり終えると、全部をごちゃまぜにして、また最初から同じように「分類」を始めます。ある日は色による「分類」でしたが、違う日には形による「分類」をします。

　直方体の積木を一本の線になるように並べることもありました。そんなある日、「あっ、電車だ」といって、並べていない一つの積木を手にとり、それを電車のように「がたんごとん」と「線路」（一本の線に並べられた直方体の積木）の上を走らせたのです。いうまでもなく、これはすでに「分類」ではありません。つまり、もはやモノそのもので遊ぶという遊び方ではなく、積木を電車や線路に「見立てる」という心の働きをもった遊びです。これが次の遊びの始まりとなるものです。

　「見立てる」とは、たとえば石をバスに見立てるというように、あるモノ

を別のモノとして扱うという行動で、そこには想像の初期の姿が現れています。想像は、ことばの発達がある水準に達したときに可能になります。一般的には、想像とは、かつて見たことがあるモノを今はないけれども思い浮かべることができるという「再生的想像」と、まったく見たこともないものをつくり出す「創造的想像」に分けて理解されます。2歳後半の「見立て」は再生的想像の最初のものです。「最初」という意味は、この場合、バスを想像するためには石が必要というような想像の水準なのです（小学生は支えとなるモノなしに想像します）。

幼児後期（3歳から就学まで）の遊び

　先ほどの積木による電車や線路の見立ての遊びには続きがありました。そうした見立ての遊びはある期間繰り返されたのですが、3歳を超えるあたりで、その遊びはさらに質的に新しいものになりました。ある日、その子は、積木を使っていた電車遊びをやめて、ダンボール箱を持ち出し、そのなかに入って電車を「運転」し始めたのです。これはすでに「ごっこ遊び」と呼んでもよいものです。そこには二重の「見立て」があります。先の積木での電車遊びはモノの見立てでできていましたが、ダンボール箱での電車ごっこはダンボール＝電車、自分＝運転手というモノの見立てとともに人間の見立てという二重の見立てが含まれています。積木での電車遊びでは、子ども自身は「自分のまま」であるのか「運転手」になっているのかは、子どものことばを聞かなければ分かりませんが、多くの場合は「自分のまま」でありましょう。それに対して、ダンボール箱での電車遊びとなると、子どもは明らかに「運転手」を演じています。

　こうして、〇〇役と想像場面という2つの要素を持つごっこ遊びが登場することになります。もちろん、これも完全な想像や空想ではなく、まだダンボール箱というモノの支えと運転するという行為の支えが必要な水準の想像なのです。

遊びが子どもにもたらすもの

そうしたごっこ遊びは子どもの発達にどのような影響を与えるものでしょうか？

その第1は、ことばの発達ともかかわりますが、子どもが知的に発達することに大いにつながっています。先にあげましたダンボール箱を電車に見立てるというのは、ことばがモノの名前でありモノと一体化した状態にあるもの（ダンボール箱はダンボール箱である）から、ことばがモノから切り離された状態にあるもの（ダンボール箱から「ダンボール箱」ということばが切り離され、「電車」ということばが付加されている）へと、より高度なものに変わったことを意味します。モノから切り離されて自由になったことばは、想像を創り出すことばであり、モノなしでも考えることのできることばになります。もちろん、それは一挙にできあがるものではありません。ごっこ遊びは、3歳以前の時期に典型的であるモノとことばの不分離（癒着）、モノそれ自体の操作、モノに規定された行為から頭のなかでの意味の操作（思考）への過渡期にあります。つまり、ことばはモノから分離されたのですが、まだモノの支え、モノを利用した行為の支えを必要としているからです。このように、頭のなかでの意味操作の前段階としてそれを準備するものを、ごっこ遊びは含んでいることになります。

第2に、ごっこ遊びは感情の豊かさにも関係してきます。ごっこ遊びには行動ルールが含まれています。そのルールは鬼ごっこやカクレンボなどのように定型化されたルールではありませんが、ままごとなら「お母さんみたいに」行動する、乗り物ごっこなら「運転手みたいに」行動するというルールです。友達とごっこ遊びをしているうちに、衝動的な欲求が生まれることがあります。ままごとの途中で本物の一つのキャンディが見つかり、それを使って遊びをつづけようとする場合、お母さん役やお父さん役の子どもがそのキャンディを食べてしまったら、そこでままごとは終わってしまいます。

「お母さんみたいに」「お父さんみたいに」行動するというルールが破られるからです。本当は自分が食べたい（衝動的な欲求）のだけど、遊びつづけたいので、行動ルールに従うこと、つまり、子ども役の子どもに本物のキャンディをあげるのです。この場合、遊びは衝動的な欲求よりも高度な感情（遊びの面白さ）によって抑制されたことになります。そのように楽しみながら自分の衝動的な欲求を抑えることが遊びの中で実現され、感情の豊かさが育まれるのです。

それ以外にも、幼児後期において、想像力や社会性などさまざまな心の側面を育ててくれるものがごっこ遊びだということができましょう。

子どもの質問を楽しむ

小学校に入学する前に、子どもがしきりと親に質問する時期が2回あります。

第1回目は、「これはなあに」という質問の時期で、だいたい2歳頃に見られます。たとえば、絵本を持ってきて、1ページ目から順番に、そこに描かれているものについて「これは？」とひとつひとつ尋ね、最後のページまでそれが続きます。一通り終わっても、また最初のページに戻って質問が繰り返されます。それは一面ではモノの名前についての質問ですが、他面では親とのコミュニケーションを楽しんでいるかのようです。したがって、繰り返しであっても、ひとつひとつ丁寧に答えることが大切でありましょう。

第2回目は5歳頃によく見られますが、「なぜ」「どうして」という質問です。子どもに分かるように説明するのがむつかしい質問が多く発せられます。たとえば、「あの桜の葉っぱはなぜ真っ赤になったのか」というような質問です。これに対して、植物学の知識によって答えるとしても、それは子どもには理解できないで終わるでしょう。むしろ、子どもがこのような質問をするときには、ある程度、自分の答えを持っているが、それが正しいかどうか分からないので大人に尋ねている、と考えた方がよいでしょう。事実、「ど

うしてだろうねぇ」と答えると、子どもなりに考えたことを語り始めます。ある子どもは「赤いジュースを飲んだから」と答えます。たぶん、自分がオレンジジュースを飲んだとき、シャツにこぼして色がついたというような経験があったからでしょう。また「夕陽に染めてもらったのだ」と言う子もいます。きっと、秋の夕陽が沈むとき、あたりを真っ赤にすることを見たことがあるからでしょう。こうした子どもの質問と答えは、自主的にものごとを考えることにつながっていくものと思われます。無理に理解できそうもないことを答えずに、子ども自身の答えを引き出し、「ふーん、そうなんだ」と共感することが大切になりましょう。

自然は子どもの内面を育てる宝庫

　上で述べました「桜の葉っぱの紅葉」もそうですが、子どもが興味を持ちうる身近な自然は、子どもが問題を持ち、その解答を探し求め、そのことで感動することもできるという、内面的成長のための材料の宝庫だといってもよいでしょう。

　春から夏にかけては、小虫や小動物が活躍する季節です。「花鳥風月」ということばがありますが、それは大人のためのことばで、幼児にはあいません。チョウ、ハチ、テントウ虫、毛虫、クモといった小虫の一群、六月頃によく見られるツバメの巣、カメ・ザリガニ・カエルのいる池などが子どもの興味を惹きつけてくれます。ツバメ以外は、大人は少々遠慮したい小虫や小動物ですが、それらは子どもにとっては立派な友達とでもいうべき仲間なのです。

　秋になれば、ドングリと木の葉が宝物のように大切にされます。4～5歳の子どものポケットにはどこかで拾ったドングリが入っていたり、木の葉も保育園や幼稚園に持っていったりすることもよく見られることです。11月中旬、ある4歳の男の子が自分の気に入った木の葉を園に持ってきて先生に見せました。先生はクラスの子どもたち全員にその日に数名の子どもが持って

きた木の葉をひとつひとつ丁寧に、その木の葉のどこが気にいったのかを中心に、紹介していました。その男の子は先生に助けられながらいきさつを語りました。

——「この木の葉が気にいったので、園に持って来ようと拾ったら、下でカマキリさんが寝ていた。カマキリさんも寒いから木の葉をお布団にしていたのだ。だから、木の葉をカマキリさんに返してあげた。他の木の葉をさがしたが、でも、カマキリさんの木の葉がいちばん気にいったので、この木の葉を園に持ってくることにして、かわりに、よく似た木の葉をカマキリさんにかぶせてあげた」。

これが、男の子が木の葉を持ってきたいきさつでした。木の葉と(死にゆく)カマキリが子どもの内面を育てている素晴らしい事例です。子どもの内面を育てているのはもちろん親や先生なのですが、こうした事例から、子どもを育てているのは大人であるよりも自然ではないか、と思いたくなります。少なくとも、自然はそのための大人の頼もしい味方でありましょう。

晩秋から冬にかけて、冷たい北風や霜や薄氷や初雪なども子どもにはよい体験になります。それは季節というものを捉えていく重要な体験となるものです。

もう家庭内では無理なことですが、こうした四季の自然の主役たちを見て感じるだけでなく、公園でごっこ遊び——たとえばツバメごっこ——をすることで、ますます自然を身近に感じることができるようになるでしょう。

季節にあわせた絵本

家庭でできることは季節にあわせて絵本を読んであげることです。本屋さんや図書館には実に多数の絵本が並んでいて、どれを読んだらよいか迷うと思います。そのときの絵本選びの視点のひとつが「いまの季節」です。子どもが知っている小虫や小動物、ドングリや木の葉が出てくる絵本は、子どもには自分の経験に照らして理解しやすいものです。

5歳児ともなると、毎日、一節一節を読んでも、つながってお話を理解できるようになります。たとえば、ちょうど初雪が降る頃に、リスの家族の一年が描かれ、初雪とともに木の穴で肩を寄せ合って眠りについて（冬眠し始めて）終わる物語を読むというのが理想的でしょう。それは、子どもの内面を育ててくれる自然という味方にお話という味方が一緒に来てくれるようなものです。

　それとともに、5歳児はそうした自然がふんだんに出てくる物語とともに、メルヘンやファンタジーとよばれる空想的な物語も大好きになります。それは季節とは無関係に、いつ読んでも楽しめる物語であり、それはそれで一つのジャンルとして幼児には大切にしたいものです。

（石井　守）

5節　健康のあり方と孤立しない母子のあり方

　国連のWHO（世界保健機関）が第二次世界大戦後の1946年に、憲章で「健康とは、単に疾病がないとか虚弱でないだけではなく、身体的にも精神的にも、さらに社会的にも完全に良好な状態をいう」と謳った。その後、健康は身体的状態だけでは決まらず、精神的・社会的な状態も十分に考慮される必要性、健康のトータル（全体的）な見方、考え方に変更された。

　さらにその後、身体的、精神的、社会的状態に加えて、スピリチュアルな状態「人生に意味や方向づけを与えるもの」の言葉が追加されている。これは生きがいを感じて意欲的、前向きに生きている状態をさすといえる。社会的に良好な状態とは、まわりの人々や社会との関係において孤立や過度の矛盾や対立がなく、居場所と役割とサポートが得られ、その役割を満足に果たせている状態のことである。

　日本の法律が定める「障害」もしくは「障害者」の範囲は、極めて狭いのである。1971年の厚生省「在宅精神薄弱者の実態調査」によると日本の身体障害者は、人口1,000対23.8（1980年）であった。それに対し、アメリカでは1,000対145.4、イギリスでは1,000対78.8、オランダでは1,000対86.6、スウェーデンでは1,000対348となっている。このことは行政側の施策によって「障害」の範囲が異なっているものと考えられる。

　1980（昭和55）年当時の障害者の考え方では、精神障害者には精神薄弱以外を含めていない。「てんかん」も含めていない、心臓、腎臓、呼吸器以外の内臓障害も含めていないし難病も含めていないのである。障害の種別の少なさに加えて、「長期にわたり日常生活または社会生活に相当な制限を受ける者」（心身障害者対策基本法）という規定によって、程度の軽重により障害対策の規定に限度を加えている。傷害を受けた人々が社会福祉による援助が

必要でも、申請後2ヶ月間は障害者福祉制度の対応は受けられない状態であり、日常生活や社会生活上の制限を受ける場合でも容易に「障害」と認める外国と比べて、日本の障害者数はかなり少なくなっている。このように「障害」を持った人を狭くしたのは障害者を特別視していたためにはかならない。しかしながら1980年の「国際障害者分類」(ICIDH)の発表、および「国際障害者年行動計画」を通じて世界的に定着を見るようになってきており、日本もその対応が迫られている。

イギリスの障害者福祉は「障害者差別禁止法 Disability Discriminaition Act 1995」、そして「障害児者教育法 Special Educational Needs and Disability Act 2001」などで、連続的に重要な法が制定・施行され、さらに学習障害者にとって今後の施策の基本となる重要な白書『価値ある人びと：学習障害者のための21世紀に向けた新戦略』(2001年3月)が刊行され、これらを基盤としてさまざまな施策が組み立てられ、具現化が図られつつある。

英国の障害種別の比率 (%)

学習障害	慢性疾患	精神保健	視覚障害	聴覚障害	移動障害
65	10	10	5	5	5

注：慢性疾患にはてんかん、ぜんそくなど、移動障害には車椅子使用者を含む。
出所：Disability Stastics 2003, statistics.gov.uk

1998年に英国労働党政府は、身体障害者の所管庁を「社会保障省」から「教育雇用省 Department for Education and Employment」に移行した。障害者を手当ての受給者から、教育・訓練・雇用の機会を獲得し、社会の中で幅広い役割を発揮できるような条件を整えるべく変化させ、「教育・雇用省」は大学まで教育全般に責任を負い、雇用関連施策、青年および成人の訓練政策、雇用の機会均等の施策を実施するように変更した。

2002年イギリス政府統計によると、イギリスの障害者は650万人以上とされ、その障害区分に対して学習障害が65％と最も多い。そして「障害児者教育法 Special Educational Needs and Disability Act 2001」の成立によ

って、「実施規約」の「義務教育」「16歳以後の教育」の項に関して、2002年9月から障害を持つ生徒・学生に対する教育や設備面で差別されることがなくなったと評価されている。

　日本において、障害を有する人びとも社会生活を営むという視点で捉えることができれば、そして障害児者に教育や訓練を行うことが可能であるならば、障害者は歩行や就業が可能となる。

　現在のソーシャル・インクルージョン（社会的内包化）の考え方では、従来の日本の社会福祉で手の及ばなかったところへのニード（必要性）を考慮するようになってきている。日本の社会福祉は、設備整備においては充実しているかに見える。しかしながら、現在の医療福祉政策は政府の改変で療養型の病床群が介護型病床への改変によって、お年寄は在宅または老人保健施設への移行を余儀なくされている。この状態は福祉・医療・保険の多方面からの重層的施策が未熟なためである。政府の考える介護型の施設では、人の尊厳とQOLの高い日常生活を過ごすことができるかどうか疑わしい。これは重症障害児者も同様である。人にとって、自分が社会に対してはたす役割が十分に発揮できる施設であるかが大切である。障害者や高齢者に住みよい環境は、すべての人々にも良い環境と考えられる。今後の高齢者、障害者、子育て中の人々にとって、孤立しないで、個人が快適に過ごすことのできる環境が必要である。

　人権を配慮し、かつ、バランス感覚のある住居について、イギリスの高齢者施設や、あらゆる障害児者施設と日本の施設を比較してみると、日本は極めて貧弱で、群衆の中で生活していて、個人のプライバシーと自由のない居室である場合が多い。一方、英国の老人施設では、居間、ダイニングルーム、シャワーや浴室、トイレ等は個人用が各々設置されている広い空間が確保されている。日本の高齢者賃貸マンションの造りを見る限り日英間の格差の大きさに気づかされる。

　わが国の育児に関しても同じである。伝統的固定的な性役割分業観が強く、育児の責任と役割を母親にのみ課している。子どもの発達や健康に関わる問

題がおきると、決まって真っ先に母親のあり方が問われるものの、父親や社会の責任はほとんど不問に付されてきたのがこれまでである。

「健やかな子」の健康は、「働き過ぎ」の夫の問題を含めて、父母子の生活者全体の健康問題として扱い、子育てを3世代で支援していく考え方が必要であり、これが少子高齢化に歯止めをかける一解決法となるだろう。それを推進することが先進文明国家であろう。少子化の原因は給与と待遇のみではなく、男女の仕事の格差がなく、地域でも女性が安心をして生き生きと暮らせる社会があり、子育てをしつつ働くことのできる環境づくりが、少子化の歯止めと健康生活の推進の最良の策であると考えられる。

参考文献
1) 一番ヶ瀬康子ほか著『世界の社会福祉年鑑』2003年版、旬報社、2003年11月
2) 一番ヶ瀬康子ほか編著『講座障害者の福祉』第1巻―障害者の福祉と人権―、光生館、1987年1月

（平塚儒子）

6節　子どもの社会力は、大人の関係性より育つ

　社会力の基礎は、他者へ関心を持つこと、愛着を持つこと、信頼感があることである。子どもの社会的成長は社会力を身につけた大人と関わって子どもの社会力が育っていくということが報告されている。しかしながら、社会力を失ったとき、社会の現状に無関心で、社会の運営に積極的に関わろうとせず意欲をなくしている。一方、「ヒト嫌い」は、ヒトの無関心から生じている。ヒトは交わりを通して人の身になって物事を考えられるようになることが、門脇によって示唆されている[1]。

　ルース・ベネディクトによれば、「日本人は授乳は女の最も大きな生理的快楽の一つであると信じている。そして「嬰児」は容易にこの母親の楽しみにあずかることを覚える。生まれてから1ヶ月の間は、「嬰児」は彼の小さな寝床に寝かされるか、あるいは母親の腕に抱かれるか、いずれかである。生まれて30日ほど経った頃に土地の神社に連れてゆき宮参りをする。1ヶ月を過ぎると、「嬰児」は母親の背中におんぶされる。寒い日には赤ん坊の身体をすっかりおおうようにして、ねんねこを着る。」

　「日本の「嬰児」は人中で暮らすので、じきに利口そうな、興味ありげな顔つきになる。母親は働くときには寝床の上に置き、外を歩くときには背中に背負って連れて行く。母親は「嬰児」に話しかけ、鼻唄を歌って聞かせ、いろいろな儀礼的動作をさせる。」と『菊と刀』に表している[2]。

　赤ちゃんは、初期から驚くほど細やかな応答性を持っていて、母親から期待する対応が受けられないことを経験すると、わずか生後3ヶ月の赤ちゃんの心のどこかで母親への期待を断念し、自ら母親を避けるようになることが報告されている（フレイベルグ　1982）。

　近喰(こんじき)ふじ子によると、未婚、シングルは30歳以上独身の女性が増え、たと

え結婚したとしても母親になろうとしない、育児拒否（母性成熟拒否）の女性が増え、離婚も増えてきている。このような背景のなかで、ストレスを感じている母親は71.1％、ストレスを感じていない母親は28％であり、多くの母親はストレスを感じており、最も多いストレスは「育児」であり、次いで、「自由に行動できない」、「睡眠不足」、「家事」「家族関係」であると表している[3]。

次に、"子どもと親の関係"について、図1のごとく、乳幼児期から愛情を注がれた者と同性の同年齢でグループをつくり遊んでいた者の関係において、"両親からの愛情を注がれた者"の方が"注がれていない"者よりも、「同性の同年齢でグループをつくり遊んでいた」者に多かった。なお"愛情を注がれた者"の最も多かった者は「乳幼児期から小学校にかけて」、次いで「中学生」、「高校生」の順で、最小は「学生」であり、有意の差があった。

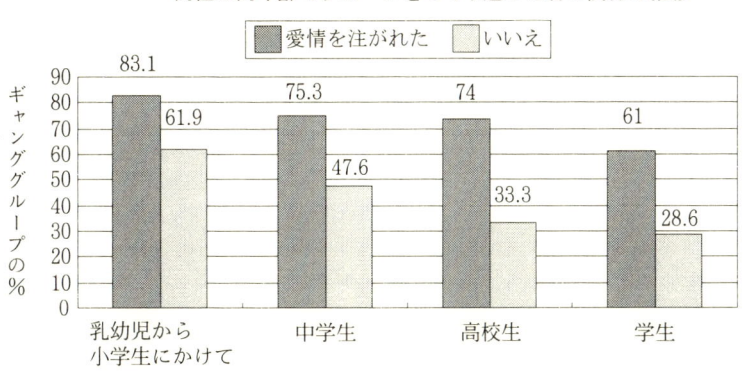

図1　乳幼児期から小学校にかけて両親から愛情を注がれた者と、同性の同年齢でグループをつくり遊んだ者の関係の推移

	愛情を注がれた	いいえ
乳幼児から小学生にかけて	83.1	61.9
中学生	75.3	47.6
高校生	74	33.3
学生	61	28.6

ギャンググループの％

同性の同年齢でグループをつくり遊んだ者の推移　n=98　小学生＊$p<0.05$、中学＊$p<0.05$、高校＊＊$p<0.01$、学生＊＊$p<0.01$

日本のかつての親の子を養育する能力は、『菊と刀』に表されているように、日本の文化の型として、欧米とは異なった仕方で家制度による家全体による関与と伝統的なしつけがあり、子どもは学校に入学する前から近所の子

どもと一緒になって自由に遊び、村落では3つにならないうちから、小さな仲間をつくることができていた。近年、かつての日本の子育ての伝統が継承されない時代に入った今、新たな親業をうまく果たすためには、科学的な学習と訓練が必要である。

また、人見知り（スピッツ）や、愛着（アタッチメント・ホウルビー）の形成を進ませるためにも、この時代の子育ての第1位に優先されなければならない、母親との愛着が重要である。

ヒトは良い人間関係ができると、人間関係を壊すようなことはなく、他者とのいい人間関係ができて自分の意思で行動できるためには、地域での大人たちの中で信頼感を強める必要がある。

たとえば、地域での子育て支援講習に参加する中・高齢者、若者は、そうした地域社会の親への支援を効果的にするための支援者となることを期待している。それが子どもたちの社会力を強めることになる。

支援講習出席の受講者の相互関係について

子育て支援者の老若の良好な人間関係は、地域社会の実際の支援で期待される。また参加者自身がともに行動し、成長する中で体得した方法を、人間関係の成長を若い親たちに寄り添い伝える必要がある。若者・中高齢者の人間関係の理解について表1に示している。

質問：今回の講習で「若い受講者」と「年配の受講者」の中で、"良かったのはどのような項目でしたか"、に対して、表1のごとく、実技項目において、衣服作成では、高齢者は若者よりも熟練した手技が高く、若者に教えることができる。新しい専門分野の知識意欲については若者の方に高く、お互いの難易は異なっていて、人間関係樹立には中・高齢者との作業において、教え教えられる関係にあって効果的であった。

表1.「若い受講者」と「年配の受講者」の中で、良かったのはどのような項目でしたか？

年齢と性別	よかったと思うこと
42歳男性	衣服作成は苦手であったが、年配の方に聞くことができたこと、教えてもらったこと、そのような中で、コミュニケーションができた。
39歳女性	年配の方も、それぞれの子育てがあり、若い者も、それぞれの考え方で育てていて、年配の方もアドバイスの時、戸惑われることが多いと気付けたことが良かった。 人間関係（制度・問題・心の成長）の説明時間はもっと長くディスカッションも入れてもらえると楽しいようにも思いました。
61歳女性	若い方の考え方ややり方もわかって、いろいろな年代の方が一緒に受講できるのは機会が少ないだけに有難かった。
58歳女性	お互いの話が聞けて、昔、今の違い、考え方、現状、いろんな人の関わり方が、大事だと思われた。
60歳女性	若い世代の方からの視点の物の見方などで、参考になることが多くありました。

　近年、非社会的性向の世代間の問題が問われている中で、「不登校」「社会的ひきこもり状態」「ニート」は、社会力の低下をきたしている状態である。「人間関係の下手」が調査研究に現れている。現代の子どものストレスは学校の問題ではないかと考えられるが、それ以前の心の発達を促しつつ育まねばならない問題も多い。われわれの調査では、子ども時代に自ら遊びを計画して、成功や失敗を経験することがあった者に、青年期に達して、モチベーションが高く、モラトリアム状態が低い値であった。かつての日本の子どもは、入学するまでに近所の子どもと一緒になって自由に遊び、3つにならないうちから、小さな仲間をつくることができていたことは、日本の伝統的な社会において環境に適応した人間関係をつくっていくための要因であったとも考えられる。

参考文献

1）門脇厚司著『親と子の社会力』朝日新聞社・朝日選書、2003年
2）ルース・ベネディクト著『菊と刀』講談社学術文庫、2005年
3）近喰ふじ子「養育とストレス」、「現代のエスプリ」別冊、特集「現代的ストレスの課題と対応」1999年6月10日、p.123-134

（平塚儒子・藤本里子）

7節　子育てに絵本を
——生きる力を育むために

1．はじめに

　現代社会において、大人のみならず子どもが置かれている生活環境は、視聴覚を通しての刺激が溢れている。さらに現状は、日々この刺激がより強く深くなる傾向にある。メディアの利点を必ずしも否定することはできないが、とりわけ子どもの発達とメディアの影響を考える場合、冷静に子どもにとってのメディアについて評価を行う大人の視点が求められている時代である。テレビ、ビデオ、DVD、ゲーム、インターネット、携帯電話の普及が、いかに子どもたちの発達環境を脅かしているかについて、心が寂しくなるような事例を挙げるまでもなく、深刻な問題として認識されつつある。

　このような時代に求められている子どもの「生きる力」の育みについて、子育ての時期に絵本だからできること、絵本の魅力を取り上げ、発達心理からの提言を試みたい。さらに、具体例として子どもの発達時期に対応する絵本の内容を紹介することによって、子どもの生きる力の育む環境づくりを考えたい。

2．絵本を楽しむ子どもの心理

　子どもにとって絵本とは何かについて、佐々木（2000）は、遊びの中の一つと位置づける。しかしながら、他の遊びと一線を引くものとして、手足を自由に使って、直接に物や人（友達）に働きかけるのではなく、基本的には頭の中でのみ集中的に遂行される心理・意識レベルの活動と考える。子どもが絵本を読む（見る）ことについて、心理機能の視点から少なくとも考えら

れることは、たいへん高度な認識活動だということである。子どもが絵本と出会うことにより、子どもを取り巻く生活環境の中で育まれた、遊びやさまざまな体験、経験から得たものを確かめたり、深めたり、広げたり、また意味づけたりするために大変重要な役割を果たすと考えられる。

子どもが絵本と関わることについて、田代（2001）は、絵本の発達心理学研究を中心に最近3年間の動向をレビューしている。とりわけ、幼児期の発達環境の中でも特に、絵本との関わりに焦点を当てた環境についての心理学的研究では、質問調査を実施した谷川（2005）、1歳半の子どもに母親が絵本の読み聞かせを行うときに情緒的な機能を重視する傾向があると報告する村瀬（2006）、母親が絵本を子どもに読み聞かせる状況においてどのようなことを期待するかをまとめた石川（2005）が挙げられる。

3．子どもと親の心の絆を育む
——子どもと大人との絵本の時間

乳児を取り巻く世界について、これまでの研究から、乳児は出生直後から人と物とを区別する能力があり、とりわけ他者の表情を読み取ることについて敏感であること、また、言語音について感受性に恵まれているということが明らかにされている。

そして、幼児期において、幼児はとりわけ身近に世話をしてくれる大人との直接的コミュニケーションを通じて、感情の交流を体験し、基本的な信頼関係を築く基盤が培われる。

乳児は、母親もしくは乳児と頻繁に関わりをもつ他者と関係を紡ぐことを通して、自分は無条件に愛されている、受け入れられているという感情を体感し、この体験が、その後の人間関係を紡ぐ基本になると考えられている。この心の安定が乳児期の早い段階で成立することにより、その後に続く幼児期以降の世界において、人間関係を混乱することなく構築できる。絵本についても、子どもが絵本という作品を楽しむ前提に、身近な大人との信頼関係

がまず形成されていることが大切である。この信頼関係をベースに、子ども
と親が共に絵本の時間を共有するとき、絵本の中に描かれた絵、語られた内
容が心に落ち着き、絵本を楽しむことができる。

　幼児が、絵本と出会うためには、常に子どもに絵本を紹介できる身近な大
人の存在が重要である。田代（2001）は、子どもにとっての絵本の魅力につ
いて、その魅力が最大限に発揮されるのは「絵」と「文」と「ページをめく
ること」の3つの要素をあげている。子どもにとって、とりわけ「絵本のペ
ージをめくること」は、初めて出会う絵本の場合、未知の世界との出会いで
あり、幼子の心をときめかせるひとときである。また、くりかえしお気に入
りの絵本を大人に読んでもらう状況でも、子どもは次のページに描かれる絵
と文の内容については暗唱できるほど覚えているが、ここでもページをめく
る行為には楽しみが常に伴い、自分を無条件に受け入れてくれるかけがえの
ない大人の声を通して読まれる絵本は、子どもの心に心地よい響きを届ける。

4．子どもが絵本と出会うとき
——クシュラの発達と絵本

　絵本が子どもの発達にどのような意味をもつかということについて、バト
ラー（2002）は、次のように述べている。「本は、赤ちゃんのときから、子
どもの人生に何よりの大きな役割を担うべきものであると、私は信じていま
す。親やまわりの大人の助けを得て本に親しむことは、子どもが幸せで前向
きな人間になる可能性を大きくします。」バトラー女史のこのことばは、娘
パトリシアが、染色体異常による重度の先天的な障害を持って誕生した子ど
も、クシュラ（バトラー女史にとっては孫）に生後4ヶ月から絵本の読み聞か
せをはじめることによって、クシュラが豊かな言葉と出会い、広い世界に入
ってゆくことができたという『生』とのたたかいを応援できた体験から導か
れ、力強い響きが感じられる。

　クシュラは、生後4ヶ月のとき、はじめて本に出会った。対象物を顔にく

っつけるような状況であれば、はっきりと見ることができる時期であった。不定期に目をさましているクシュラにどのようなことができるか、母親であるパトリシアが模索した結果導かれた一案であった。クシュラは、本を見ようという意思を示し、母親が読み聞かせる絵本に全身で耳を傾け、母親もクシュラが聴いてくれているという確信が支えになり、娘との絵本のひとときの時間の味わいを深めた。そして、クシュラが9ヶ月になる頃には、長時間にわたって絵本を見せるという習慣が自然とつくられていった。クシュラは、本を読み聞かせる間、大人の膝にのり、背は胸で支えられ、本はクシュラにとっていつもいちばん見やすい位置にあることが確認されていた。どの本も表紙から裏表紙まで読まれ、ページがめくられるたびにクシュラの目に近づけられた。健常児で、9ヶ月の月齢であれば、はいはいや何かにつかまりながら外界と積極的に関われる時期であるが、クシュラは一対一の助けを受けながら、ともすれば外界との接触を失ってしまいがちな時期を絵本との出会いにより外の世界との関係を持ち続けることができた。

　クシュラにとって、身近にいる大人に絵本を読んでもらうひとときの時間は、膝にのせてもらいすべてを受け入れられているという愛情を体感し、心地よさ、安心感を味わえる至福のときであった。このように絵本を読む側と読んでもらう側の響き合う共同作業は、クシュラのわずかに残された感覚機能を精一杯活用する方向へ導くことを可能にした。

　クシュラと絵本との出会いの事例は、乳幼児期の子どもにとっての絵本と出会うことは、つぎのような大切な「3つの体験」、すなわち「愛情体験」、「共感体験」そして「自尊体験」ができるということを裏付けるものである。子どもにとって、本当に無条件に受け入れられている、愛されているという「愛情体験」、共に楽しさやその場の空気を味わうことができる「共感体験」、子ども自身が自分をポジティブに認めることができる「自尊体験」を子どもが身近な大人と絵本の時間を通して体感することにより、子どもは自分自身を取り巻く環境へ勇気をもって理解を深めてゆくことができる。

5．子どもの成長と絵本

　子どもと大人が絵本の時間を楽しみ、絵本の世界の魅力を共有できるためには、子どもの発達を踏まえた絵本選びが大切である。子どもの発達と一人ひとりの子どもの個性も考慮にいれた絵本を、身近にいる大人が心を込めて子どもの心に届けようとするとき、子どもの心には「種」がまかれ、子どもの成長に欠かすことのできない情緒と想像力と知恵が育まれる。

　子どもの発達（もちろん、個人差はある）とそれぞれの時期に是非、子どもにも大人にも出会ってほしい絵本を挙げることによって子どもの成長を絵本を通して応援できることの可能性を考えてみる。

〈幼い子どもに〉

　この世に生を受けて間もない幼子は、体を精一杯動かしながら自分の気持ちを相手に伝えようとします。この幼子のメッセージをしっかり受け止め、またコミュニケーションを返すということを繰り返し、関係性の基礎づくりの時期。

　歌やリズム感を楽しめる本、絵ははっきり、明るく、ていねいに描かれ、温かさがしっかり伝わるような本が幼子とのコミュニケーションを育むために選ばれることが望まれる。

　　この時期に出会ってほしい絵本
　　　＊いない　いない　ばあ、松谷みよ子（文）瀬川泰男（絵）、童心社
　　　＊うたえほん、つちだよしはる（絵）、グランまま社
　　　＊どうぶつのおかあさん、小森厚（文）薮内正幸（絵）、福音館書店
　　　＊くつくつあるけのほん、林明子（文・絵）、福音館書店
　　　＊いいおかお、松谷みよ子（文）瀬川泰男（絵）、童心社
　　　＊こんにちは、渡辺茂男（文）大友康夫（絵）、福音館書店

＊でんしゃ、B.バートン（文・絵）、金の星社
＊いいおかお、さえぐさひろこ、アリス館
＊くだもの、平山和子（文・絵）、福音館書店
＊がたんごとん　がたんごとん、安西水丸（文・絵）、福音館書店

〈1歳になりました〉
　この頃から、一歩足を出しては、尻もちをつきながらでも、何度も立ち上がり歩き始める。おぼつかない一歩が、日を重ねるごとにしっかりとした一歩になる。自分から立ち上がれたことを、まわりから「じょうずじょうず」と褒められると自分も本当にうれしそうな笑みを浮かべる。自我もだんだんと芽生え始める時期、絵本もめくることの喜びを味わえそうである。

　この時期に出会ってほしい絵本
　　＊せいかつえほん、つちだよしはる（絵）、グランまま社
　　＊おやすみ、中川季枝子（文）山脇百合子（絵）、グランまま社
　　＊とらっく　とらっく　とらっく、渡辺茂男（文）山本忠敬（絵）、福音館書店
　　＊しろくまちゃんのほっとけーき、わかやまけん（文・絵）、こぐま社
　　＊たまごのあかちゃん、神沢利子（文）柳生弦一郎（絵）、福音館書店
　　＊ころころころ、元永定正（文・絵）、福音館書店
　　＊おつきさま　こんばんは、林明子（文・絵）、福音館書店
　　＊るるるるる、五味太郎（文・絵）、偕成社
　　＊たぬきのじどうしゃ、長　新太（文・絵）、偕成社
　　＊うずらちゃんのかくれんぼ、きもとももこ（文・絵）、福音館書店

〈2歳になりました〉
　体全体のバランスもしっかり保てるようになり、走ったり、物をもっても歩けたりできるようになる。少し前までは足元のものにつまずいたのが、こ

第4章 社会福祉学的・臨床心理学的意義

の時期になると跨げたり、動きのしなやかさが顕著になる。さらに、自分を取り巻く世界への興味関心がどんどん広がる時期である。

　この時期にであってほしい絵本
　　＊くだもの、平山和子（文・絵）、福音館書店
　　＊どうやってねるのかな、薮内正幸（文・絵）、福音館書店
　　＊タンタンのずぼん、いわむらかずお（文・絵）、偕成社
　　＊おやすみなさいおつきさま、W・ブラウン（文）C・ハード（絵）、理論社
　　＊くまさん　くまさん　なにみてるの、エリック・カール（文・絵）、偕成社
　　＊ティッチ、パット・ハッチンス（文・絵）、福音館書店
　　＊まりーちゃんとひつじ、フランソワーズ（文・絵）、岩波書店
　　＊ぐりとぐら、中川季枝子（文）大村百合子（絵）、福音館書店
　　＊はけたよ　はけたよ、神沢利子（文）西巻茅子（絵）、偕成社
　　＊きんぎょがにげた、五味太郎（文・絵）、福音館書店
　　＊ボートにのって、とよたかずひこ（文・絵）、アリス館

〈3歳になりました〉

　できることが毎日どんどん増え、動きも大胆に。手の指の機能も分化。はさみも使えるようになる。この頃から言葉の発達も著しく、『これ何』と身近にいる大人に問いかけ、言葉をどんどん自分の中に吸収してゆく時期である。

　この時期に出会ってほしい絵本
　　＊ガンピーさんのふなあそび、ジョン・バーニンガム（文・絵）、ほるぷ出版
　　＊ロージーのおさんぽ、パット・ハッチンス（文・絵）、偕成社

＊どろんこハリー、ジーン・ジオン（文）M・グレアム（絵）、福音館書店
＊もりのともだち、M・ブラウン（文・絵）、冨山房
＊ちいさなねこ、石井桃子（文）横内襄絵（絵）、福音館書店
＊アンガスとあひる、M・フラック（文・絵）、福音館書店
＊わたしのワンピース、にしまきかやこ（文・絵）、こぐま社
＊おうちにかえろうちいくまくん、M・ワッデル（文）B・ファース（絵）、評論社
＊おさるとぼうしうり、E・スロボドキーナ（文・絵）、福音館書店
＊くまのコールテンくん、ドン・フリーマン（文・絵）、偕成社

〈4歳になりました〉

　この時期になると、日常会話に必要な2,000語に近い言葉を操ることができ、話し言葉の完成期である。自分の気持ちを表現できる喜びも感じ始める。自分の心を「つぶやき」として表現できはじめる時期である。

　この時期に出会ってほしい絵本
　　＊ゆきのひ、E・キーツ（文・絵）、偕成社
　　＊三びきのやぎのがらがらどん、M・ブラウン（文・絵）、福音館書店
　　＊おおきなかぶ、A・トルストイ（文）佐藤忠良（絵）、福音館書店
　　＊おおかみと七ひきのこやぎ、グリム童話　F・ホフマン（絵）、福音館書店
　　＊かばくん、岸田衿子（文）中谷千代子（絵）、福音館書店
　　＊もりのなか、M・エッツ（文・絵）、福音館書店
　　＊へびくんのおさんぽ、いとうひろし（文・絵）、鈴木出版
　　＊ぐるんぱのようちえん、西内ミナミ（文）堀内誠一（絵）、福音館書店
　　＊すずめのぼうけん、エインズワース（文）堀内誠一（絵）、福音館書店
　　＊14ひきのあさごはん、いわむらかずお（文・絵）、童心社

〈5歳になりました〉

まわりのことが、しっかり説明でき始める時期である。自分が関わったことについて、自信をもってお話できる兆しが見えはじめる。この時期から具体的思考から抽象的思考にだんだんと移行できはじめる。話し言葉の世界から書き言葉の世界にも足を踏み入れる時期である。

　この時期にであってほしい絵本
　　＊どうながのプレッツェル、M・レイ（文）H・レイ（絵）、福音館書店
　　＊ピーターのいす、E・キーツ（文・絵）、偕成社
　　＊はなをくんくん、R・クラウス（文）M・シーモント（絵）、福音館書店
　　＊がちょうのペチューニア、R・デュボワザン（文・絵）、冨山房
　　＊こぎつねコンチ、中川季枝子（文）、山脇百合子（絵）、のら書店
　　＊おさるのまいにち、いとうひろし（文・絵）、講談社
　　＊かいじゅうたちのいるところ、M・センダック（文・絵）、冨山房
　　＊だるまちゃんとてんぐちゃん、加古里子（文・絵）、福音館書店
　　＊きかんしゃやえもん、阿川弘之（文）岡部冬彦（絵）、岩波書店
　　＊エルマーのぼうけん、R・S・ガネット（文・絵）、福音館書店

〈6歳になりました〉

生活体験が広がり、絵本の世界もお話、物語が味わえる時期である。自分でも読むことのできる絵本もあるが、身近な大人に絵本を読んでもらうことにより、絵本の絵を楽しみ、絵本の世界にどんどん入り、その世界をたっぷり楽しめる時期になる。

　　＊しずかなおはなし、S・マルシャーク（文）W・レーベデフ（絵）、福音館書店
　　＊ももたろう、松居直（文）赤羽末吉（絵）、福音館書店
　　＊こねこのぴっち、H・フィッシャー（文・絵）、岩波書店

＊もりのこびとたち、E・ベスコフ（文・絵）、福音館書店
　＊おしいれのぼうけん、ふるたたるひ（文）たばたせいいち（絵）、童心社
　＊がたごと　がたごと、内田麟太郎（文）西村繁雄（絵）、童心社
　＊おおきなおおきなおいも、市村久子（文）赤羽末吉（絵）、福音館書店
　＊ジオジオのかんむり、岸田衿子（文）中谷千代子（絵）、福音館書店
　＊モチモチの木、斎藤隆介（文）滝平二郎（絵）、岩崎書店
　＊こんとあき、林　明子（文・絵）、福音館書店
　＊おしゃべりなたまごやき、寺村輝夫（文）長　新太（絵）、福音館書店

〈小学校初級〉
　文字を覚え、自分で本を読めることがうれしくなる時期である。物語の楽しみが、少し前の時期よりいっそう理解でき始める。子どもが、絵をじっくり楽しめ、ここちよい物語の世界を旅できるように、周りの大人がしっかり絵本を読み聞かせたい。
　この時期に出会ってほしい絵本
　　＊スイミー、レオ・レオニ（文・絵）、好学社
　　＊おおきなきがほしい、佐藤さとる（文）村上　勉（絵）、偕成社
　　＊おじさんのかさ、佐野洋子（文・絵）、講談社
　　＊ぼちぼちいこか、セイラー（文）グロスマン（絵）、偕成社
　　＊どろぼうがっこう、かこさとし（文・絵）、偕成社
　　＊せんたくかあちゃん、さとうわきこ（文・絵）、福音館書店
　　＊かもさんおとおり、ロバート・マックロスキー（文・絵）、福音館書店
　　＊げんきなマドレーヌ、L・ベーメルマンス、福音館書店
　　＊おっきょちゃんとかっぱ、長谷川摂子（絵）降矢なな（絵）、福音館書店
　　＊ゆうかんなアイリーン、ウィリアム・スタイグ（文・絵）、セーラー出版

小学校中学年以降も、子どもが読んでほしいと願った本は、大人も一緒に読み進めることで味わってほしい。日常子どもと一緒に生活している時間の中に、絵本・本を共に味わう時間を重ねることにより、多面的、多層的に育まれる子どもの心の育みに気づくことができる。この論義の冒頭部分でも述べたように、現代社会において、子どもを取り巻く社会環境について、身近な大人が冷静に子どもが受ける刺激について考える必要がある時代である。メディア文化も含めた広義の意味での子どもの発達環境を考えるうえでも、絵本が子どもの心の育みに、貢献できると考えられる。

6．絵本と子どもの心に「種」を蒔くという作業

　子育てに絵本をというテーマの中で、子どもが育つ時間のなかで、子どもと大人が絵本の時間をもつということを中心に取り上げた。子どもは、いつもそばにいてくれる、信頼関係がしっかり結ばれている大人の心地よい声の響きを通して、絵本の「絵」と「ことば」から、創造すること、イメージすることを育み、「うれしい」とはどんな感じなのか、「さびしい」とはどのような想いなのかという感情をゆっくり、時間をかけて体験できる。そして、この体験の積み重ねによって人間らしい感情を子どもの心の中にしっかりと根付くと思われる。

　絵本が子どもの発達にどのように意味をもつのかについて、渡辺（1997）は、『緑の種』を蒔く作業であると考える。この世に生を受けてまもない乳児の時期から、自分を無条件に受け入れてくれる大人の声を通して聞く歌、ことば、お話がすぐに目に見えるような結果を出すものでは決してない。しかし、ゆっくりと丁寧に子どもの心に染み込んでゆく上質のお話、言葉の美しさ、深さは、子どもの成長とともにしっかりと生きてゆく力の土台を築き、子どもが成長する過程において、さまざまな成長の機会・問題に直面したとき、子ども自身がこの世に生きてきてよかった、などと精一杯の生を育もうと自らを励ます力に繋がる可能性をもっている。

子ども自身がこの世において、自分の「物語」を精一杯生きるときの、絵本は道しるべの一つとなる可能性を秘めているのではないだろうか。

引用文献
1）石川由美子「子どもの発達に対する絵本利用の効果に関する母親の期待」、日本発達心理学会第16回大会論文集、2005年、p.57
2）佐々木宏子著『絵本の心理学─子どもの心を理解するために』新曜社、2000年
3）田代康子著『もっかい読んで！─絵本を面白がる子どもの心理（新保育論⑥）』ひとなる書房、2001年
4）谷川賀苗「子どもの発達と絵本─子どもと絵本の出会いについての一考察」、帝塚山学院大学人間文化部研究年報第7号、2005年、pp.41-59
5）ドロシー・バトラー著、百々佑利子訳『赤ちゃんの本棚─0歳から6歳まで』のら書店、2002年
6）ドロシー・バトラー著、百々佑利子訳『クシュラの奇跡─140冊の絵本との日々』のら書店、1984年
7）村瀬俊樹「日本発達心理学会第17回大会論文集」2006年、p.252
8）渡辺茂男著『心に緑の種をまく─絵本のたのしみ』新潮社、2007年

（谷川賀苗）

第5章

子 育 て 実 技

1節　子ども（乳幼児）のfirst aid

「救おう、守ろう」救急時の的確な処置がかけがえのない人の命を救いうる。子どもは自分をうまく表現する言葉を持たない。だから大人は子どもの身体的・精神的症状を早期に発見し適切に対応することが大切である。子どもの顔いろ、きげん、活動性、笑い、苦しみ、うつろさなどの表情や態度を含めてすばやく、かつ的確に観察する能力をつけなければならない。

乳幼児の症状と対応

項目	実技内容	備考
意識がない	意識がないときは、心臓や呼吸が止まっていることがある、すぐチェック	
熱が出た	発熱の重症度を見分けることが大切	
けいれん（ひきつけ）をおこした	突然のことで非常にあわてやすいが、まず親が冷静になることが肝心	
ずっと吐いている	嘔吐の回数が多いときや下痢をともなうときは、脱水症になる危険がある	
発疹が出た	熱が出る発疹は、はしかや溶連菌感染症などの伝染性の病気が多い	
頭をうった	症状が全くなければあまり心配はないが、原則は脳外科・小児科へ	
異物を飲み込んだ	呼吸に異常がない場合は、あわてずに、まず、吐き出す手当を	
薬をまちがって食べた	乳幼児にとって薬は危険物、手の届く場所に置いてはいけない	

2節　新生児の抱き方・寝かせ方

不安を与えず、愛情をもって接する	①話しかけながら、愛情のこもった心を伝える ②動揺を与えないで、静かに行動する
頸と背部が湾曲しないよう、安全に抱いたり、ねかせたりする	①抱き上げる前に状態の観察をする ②両手で頸部を支えながら、抱き上げる ③たえず頸部をささえて、固定しながら抱き上げる ④頸部を肘関節のやや上方に乗せて、背部が屈曲しないように抱く ⑤もう一方の手で、ひざのあたり、または臀部を軽く支える ⑥寝かせる時は、ベットを整える ⑦臀部をベットにおろして、両手で頭をささえながら、静かに下ろす ⑧寝かせたときの状態を観察する

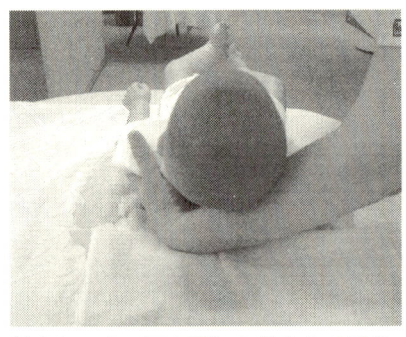

①赤ちゃんの頭の下にお母さんの手を差し入れて、首と頭を支える

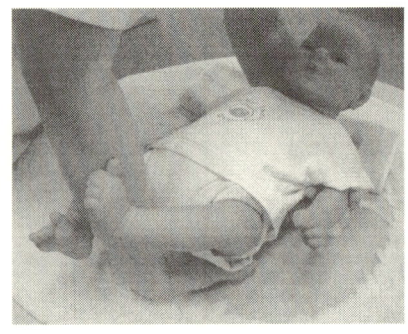

②一方の手で、両足の間から、お尻を支える

第5章　子育て実技　133

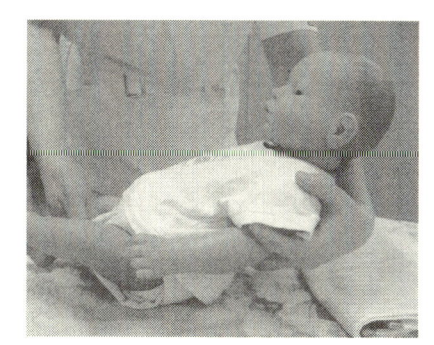

③赤ちゃんを抱き上げる

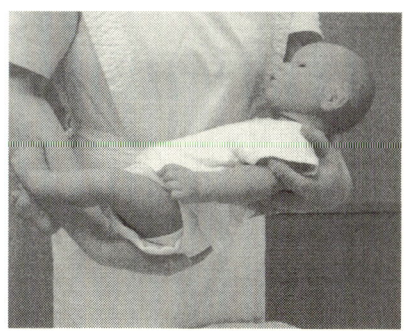

④お母さんの胸の前で抱っこする

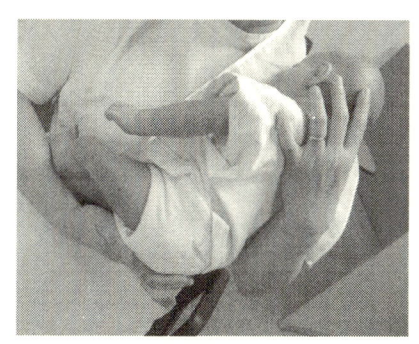

⑤赤ちゃんを胸に寄りかからせる

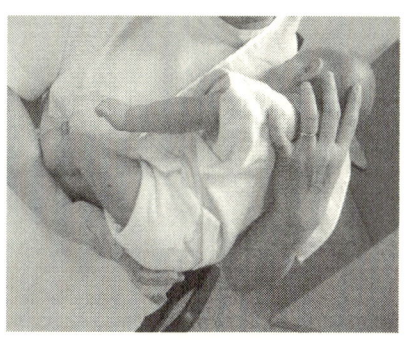

⑥授乳後のゲップをださせるときは、赤ちゃんを縦抱きにする

3節　乳幼児の衣服の着脱

①子どもは着用している帽子などを引っ張って脱ぐことに興味を持つ。
②子どもが小学校入学までには衣服を自分で着ることができるようにする。

適切な衣服の選択をする	①皮膚を刺激せず、保温・吸湿性を備えた衣服の材質を選ぶ ②着脱が容易で運動を妨げないものを選ぶ ③縫製が完全なものを選ぶ
保温に気をつけてと不快感を与えない	室温に注意し、手早くおこなう ①必要な枚数の衣服を重ねておく ②実施者の手を温める ③不必要な露出を避ける ④衣服を温めておく
正しく着脱させる	①衣服を脱がせるときは、腕の関節を持って脱がせる ②片袖を脱がせたら、反対側にひっぱってゆとりを持たせ、他方を脱がせる ③袖を通すときは、袖口から介助者の手を入れ、赤ちゃんの手をにぎり、静かに通す ④着物の前をあわせ、ボタンまたはひもを結ぶ ⑤背中にしわがないように伸ばす ⑥汚れた衣類の処理をする

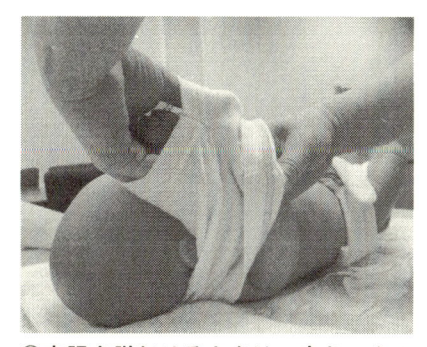

第5章　子育て実技　135

①衣服を脱がせるときは、赤ちゃんのひじや肩を支えながら、腕から袖を脱がせる

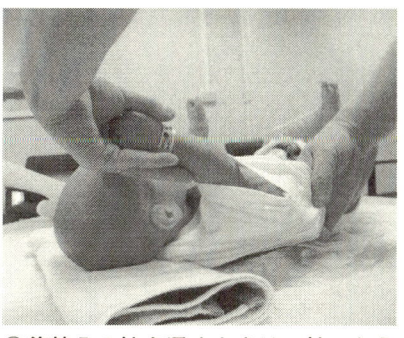

②着替えの袖を通すときは、袖口から介助者の手を入れ、赤ちゃんの手をにぎり静かに通す

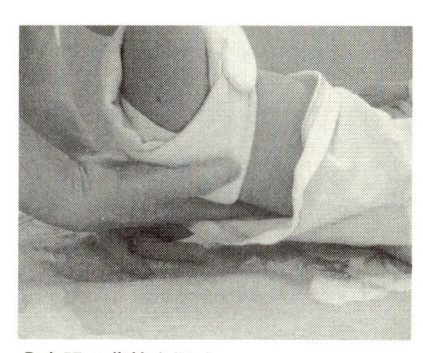

③衣服の背筋を引く

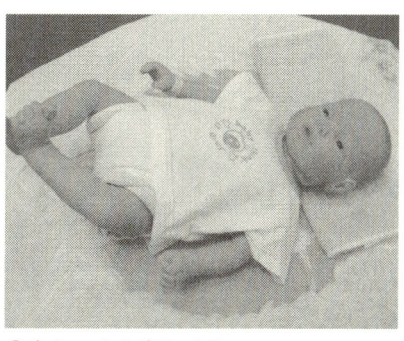

④赤ちゃんを寝かせる

4節　子どもの衣服の作成

　子どもの衣服は運動を妨げないもの、皮膚を刺激しないもの、着脱が簡単なもの、清潔を保ちやすいもの、子どもの個性と親の愛情にマッチしたものを選ぶ。

上着の作成	作成の方法	材　料
活動的な、着やすい、襟なし、袖なしの木綿の上着	①タオルを縦に半分に折る、前身頃と後ろ身頃に分ける ②前身頃をT字型にはさみで切りとる、子どもの頸周りに合わせて、襟はカーブを付けて、襟なしの形にする ③脇縫いをする ④前身ごろにホックまたはボタンを付けておく	タオル（パイル地の木綿）1枚、はさみ、糸と針

5節　おむつの作成

布おむつの作成にあたって	作成方法	材料
水分をよく吸収し、肌ざわりよく、洗濯に耐える木綿のやわらかいおむつ、便の性状が観察しやすく、清潔を保持するもの	①白の30cm幅の1反のさらし木綿を用意する ②1反を6等分に分けて切る ③6分の1枚分の端と端をあわせて袋縫いにする	白の30cm幅の1反のさらし木綿糸（白）と針、はさみ

6節　乳児のおむつ交換

　排泄の躾は、早くからしないほうがよい。重要なことは、汚れたおむつをすぐに取り替えることであり、長く汚れたおむつを付けている不快感に慣れさせないことである。

　おむつを当てるときの注意は、①乳児の腹部を押さえて腹式呼吸を妨げない、②下肢の運動を妨げない、③股関節を無理に伸ばすような当て方をしない。

　現在は紙おむつが多いが、布おむつの練習をする。

適切なおむつとおむつカバーの選択をする	①目的に応じた材質のおむつとおむつカバーを選ぶ ②運動を妨げず、赤ちゃんに適した形・大きさ・枚数を選ぶ
保温に注意して、不快を与えない	①室温に注意し、手早くおこなう ②実施者の手を温める ③不必要な露出をさける ④必要時おむつを暖めておく
おむつかぶれを予防する	①汚れたおむつはすぐ取り替える ②取り替えたときは臀部、外陰部の清拭をする
運動を妨げず正しい技術で交換する	①赤ちゃんに適したおむつのたたみかたをする ②汚れたおむつは中心にくるむように取り外す ③汚れる部位では男児は前を厚く、女児は臀部を厚く当てる ④腹部を圧迫しないように、臍の下でまとめる ⑤下肢の運動を妨げないよう、大腿を出して当てる ⑥おむつカバーからおむつがはみ出さないように当てる ⑦排泄物の観察をする ⑧汚れたおむつの処理をする

第5章　子育て実技　139

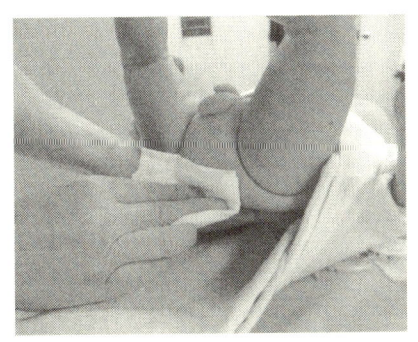

①おしりの汚れをきれいに拭き取る

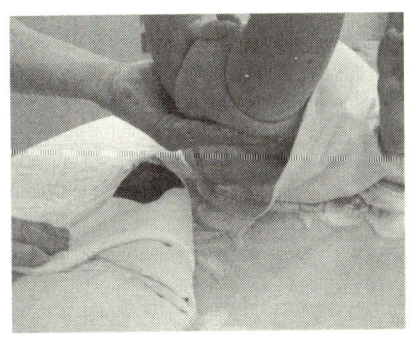

②おしりの下に手を差し入れ、お尻を持ち上げて汚れたオムツを取る

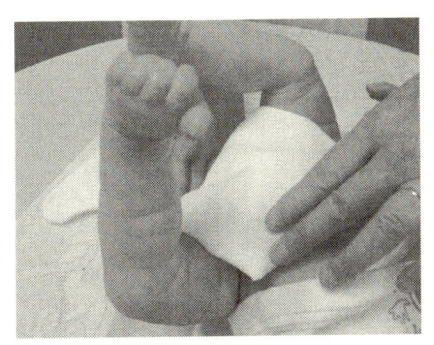

③オムツの端は臍より下に位置を決める

7節 人工栄養の与え方① 調　乳

　乳児の栄養には母乳が最も適している、母子の関係のきずなをしっかりと結ぶのに大きな役割を果たす。しかし母乳の不足や母乳栄養がおこなえない場合は、育児用調整粉乳を用いる。これを人工栄養という。

　授乳間隔は3時間あける。乳汁は体温まで温めておくが、哺乳びんの乳首も必ずお湯につけて、体温程度に暖める。人工栄養児は授乳時間が短くなる傾向があり、口唇の満足感が低いとされる。

人乳と牛乳の成分の比較

	カロリー kcal/dl	蛋白質 ラクトアルブミン	蛋白質 カゼイン	糖質 乳糖	脂肪 不飽和脂肪酸	脂肪 飽和脂肪酸	灰分
人乳	60	多	少	多	多	少	少
牛乳	60	少	多	少	少	多	多

人工栄養の与え方　調乳

調乳 家庭では、授乳の前に1回分を調乳する	①あらかじめ哺乳びんと乳首を煮沸消毒または薬液で消毒しておく	哺乳びんと乳首
	②50℃くらいの湯ざましを哺乳びんに入れ、粉乳を添付のさじですりきりに計って入れ、静かに振って溶かす	50℃の湯ざまし
	③ミルクの濃度は13％あるいは14％で作る	粉乳（ミルク）
	④乳汁の温度は体温程度（37〜38℃）	

授乳の心得

愛情を持ってゆったりした気持ちで授乳する	①おむつを交換して、衣服を整える ②実施者は背もたれのある椅子に腰掛け落ち着いた雰囲気で授乳する ③話しかけながら、心のこもった扱いをする ④動揺を与えず、静かにおこなう
清潔な操作で、安全に実施する	①実施者は手洗いをし、清潔な身じたくをする ②調合乳の確認をする ③消毒済みの乳首を清潔に操作する ④ミルクを前腕内側に滴下し、流出状態、温度を確かめる ⑤実施者と赤ちゃんの衣服が汚染されないようにする ⑥赤ちゃんの口周りを清潔な布で拭く
正しい技術で安全に授乳させる	①実施者は、赤ちゃんの頭側の足を上に組み、45度の角度で抱く ②鼻呼吸に妨げがないかどうか、確認する ③乳首を舌の上にのせ、深く含ませる ④哺乳びんの底を高くし、乳首の中にミルクが満たされるよう傾斜させる ⑤10～15分で必要量を授乳する ⑥授乳後、正しい体位で排気させる ⑦排気のない時は顔を横に向け、しばらく上体を15度くらい高くして、寝かせる ⑧動揺を与えず、静かにおこなう ⑨授乳後は、哺乳量、うつ乳、吐乳の有無、その他の状態を観察する

8節　人工栄養の与え方② 離乳食

　離乳の完了とは形のある食物をかみつぶすことができるようになり、栄養素の大部分を母乳または育児用ミルク以外の食物から取れるようになった状態をいう。通常は12～15ヶ月頃であり、18ヶ月までには完了する。
　離乳開始は、午前中の授乳時間の前に始める。1さじごと食べさせる。最初は味がわからず食べないこともある。翌日の便を確かめて、異常がなければ増量する。離乳食が十分になれば乳汁を飲まなくなる。

離乳の進め方（目安）

月齢			5	6	7	8	9	10	11
回数	離乳食		1	\multicolumn{2}{	c	}{2}		\multicolumn{3}{	c	}{3}
	母乳、粉ミルク		4	\multicolumn{3}{	c	}{3}	\multicolumn{3}{	c	}{2}
調理形態			ドロドロ	\multicolumn{2}{	c	}{舌でつぶせる固さ}		\multicolumn{3}{	c	}{歯ぐきでつぶせる固さ}
食品1回量	I	穀類（g）	つぶしがゆ 5～10	\multicolumn{3}{	c	}{つぶしがゆ～かゆ 30～70}	\multicolumn{3}{	c	}{かゆ～軟飯 80～100}
	II	卵（個）	卵黄1/4	\multicolumn{3}{	c	}{卵黄～全卵 （1/2～1）～1/2}	\multicolumn{3}{	c	}{全卵2/3～1}
		肉・魚（g）	5～10	\multicolumn{3}{	c	}{10～20}	\multicolumn{3}{	c	}{20～30}
	III	野菜（g）	5～10	\multicolumn{3}{	c	}{10～20}	\multicolumn{3}{	c	}{30～40}

離乳食の与え方

離乳の開始は生後5ヶ月が適当であるこの時期になると鉄、カルシウムなどの無機質やビタミンC、Dなどが不足する半固形物、液状として果汁、スープ、おもゆなどがある	①生後7ヶ月の離乳食は、舌でつぶせる固さ、脂肪の少ない肉や豆、全卵、海草 ②9ヶ月、歯ぐきでつぶせる固さ、かゆから軟飯。 ③ジャガイモの離乳食	ジャガイモ、チーズ、ご飯、スプーン

9節　乳児の沐浴

　子どもは代謝が盛んであるので、身体を清潔に保つため毎日入浴させることが望ましい。
　室温や湯の温度、時間などに気をつけ、乳児を疲労させないように、体温が低下しないように注意する。

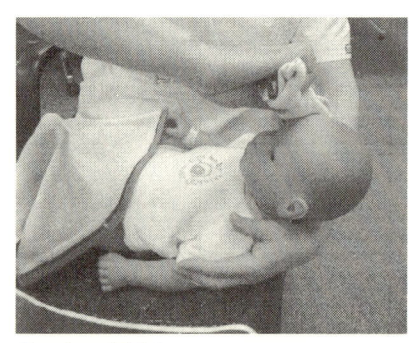

①ひたいを拭く

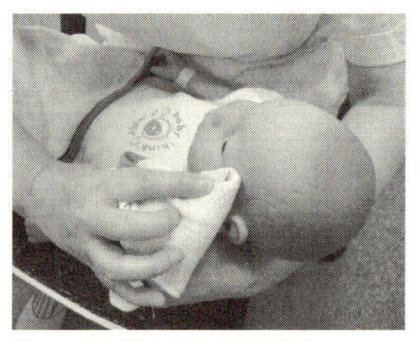

②3の字を描くように顔を拭く1

③3の字を描くように顔を拭く2

赤ちゃんが泣くのはこんな時

赤ちゃんのサイン	対処の仕方
のどが渇いた	オムツを替える
おなかがすいた	おっぱい（ミルク）や湯冷ましを与える
オムツがぬれている	部屋の温度をチェックして衣服を整える
眠い	抱っこして話しかける
暑い	抱っこの仕方を変える
甘えたい	すこし歩いてみる
驚いた	部屋の空気を換気する
痛い	

沐浴させるときの心得

不安を与えず、愛情を持って、沐浴させる	①話しかけながら、愛情を持って、沐浴させる ②常に上肢はタオルでおおって、安定を図る ③動揺を与えず、静かにおこなう	①着替え一式 ②バスタオル ③浴槽 ④洗面器 ⑤浴用温度計 ⑥石けんまたは沐浴剤 ⑦ウオッシュクロス ⑧ベビーオイル ⑨綿棒 ⑩汚物入れ
保温に注意して、不快を与えない	①室温、すきま風に注意し、手早く行う ②浴槽に7分目の湯を準備し、適量の沐浴剤を入れる ③湯の温度は38〜40℃に調整する ④衣服は、すぐ着せられるよう重ねて準備する ⑤沐浴後、湯ざめしないよう配慮する	
感染予防のための配慮をする	①実施者は、爪を短く切り、清潔な身じたくをする ②腕にタオルを掛け、足から静かにつける ③正しい手順で、すみずみまで洗う ④背部を洗う時、赤ちゃんをささえている手がしっかりしている ⑤洗い終えると、しばらく温めて、静かにあげる ⑥おさえるようにして、水分を十分拭き取る ⑦沐浴は15分以内で実施すること ⑧実施前、実施中、実施後の状態の観察をする	

（平塚儒子）

附　章

不登校・ひきこもり・アレルギーの要因と支援

附　章　不登校・ひきこもり・アレルギーの要因と支援

1節　青年期を見通した子育て

1．深刻な青年期危機

（1）不登校・ひきこもり

　厚労省国立精神・神経センター精神保健研究所社会復帰部は「ひきこもり」対応ガイドライン〔最終版〕（以下ガイドライン①と略す）を2003年7月発表した。さらに2007年から2009年にかけ厚労省のもとで「思春期のひきこもりをもたらす精神科疾患の実態把握と精神医学的治療、援助システムの構築に関する研究」が行われ、その研究成果として「ひきこもり」の評価・支援に関するガイドラインを2010年6月に公表した（以下、ガイドライン②と記す）。そこでの「ひきこもり」の定義は、「さまざまな要因の結果として社会参加（義務教育を含む就学、非常勤食を含む就労、家庭外での交友）を回避し、原則的に6ヶ月以上にわたっておおむね家庭にとどまり続けている状態（他者と交わらない形での交友はよい）を指す現象概念」としている。単一の疾患や障碍の概念ではなく、その原因や実態は多彩であるとし、「ひきこもり」は精神保健福祉の対象であるとのべている。不安恐怖症などその症状からいろいろ説明されているが、発症が青年期に多く、そのまま高齢に続く例もみられる。精神的不安定を主体とした、青年期危機とみることができる。不登校から学齢期を過ぎてその状態がそのまま続く場合も少なくない。

　ひきこもりの実態や実数を正確に把握することは難しいが、NHK福祉ネットワークの調査（2005年）によれば160万人、まれに出歩く人も含めると300万人くらいと推定されている。厚労省の2010年のガイドライン②では、最も信頼性の高い調査によると、現在ひきこもり状態にある子どものいる家庭は全国で26万世帯、ひきこもり状態の人数は69万人としているが、関係者

の多くはこれ以上と指摘している。ジャーナリストの池上正樹氏はその著『ドキュメントひきこもり——「長期化」と「高年齢化」の実態』(宝島社新書 2010)で50から100万人と記述している。

ひきこもりと精神的に同じような状態とみられている学齢期の子どもの不登校は、小学校が1987(昭和62)年、中学校が1975(昭和50)年から急速に増え始め、年30日以上欠席は2000(平成12)年をピークに増加は止まったが人数は減少せず、年50日以上欠席の不登校は、まだ増え続けている。

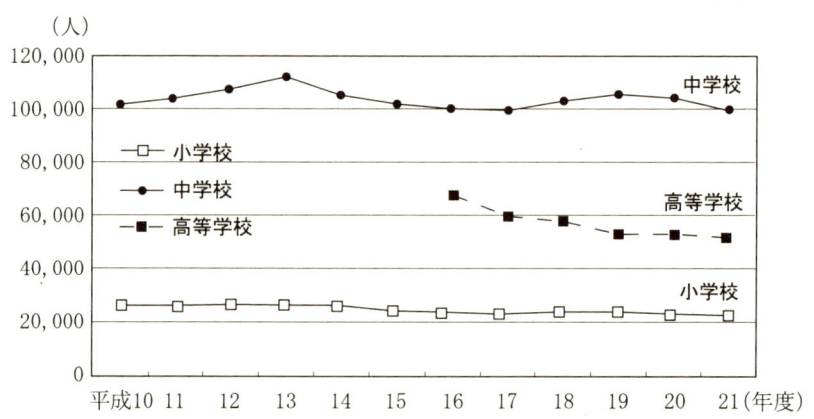

図1　国・公・私立の小中高等学校における不登校児童生徒数の推移

注　1　年度間に連続又は継続して30日以上欠席した児童生徒数のうち不登校を理由とする者について調査。不登校とは、何らかの心理的、情緒的、身体的、あるいは社会的要因・背景により、児童生徒が登校しない、またはしたくともできない状況にあること(ただし、病気や経済的理由によるものは除く)をいう。
　　2　高等学校は、平成16年度から調査。
資料：　文部科学省「平成21年度児童生徒の問題行動等生徒指導上の諸問題に関する調査」

附　章　不登校・ひきこもり・アレルギーの要因と支援　151

図2　高等学校における中途退学者数の推移

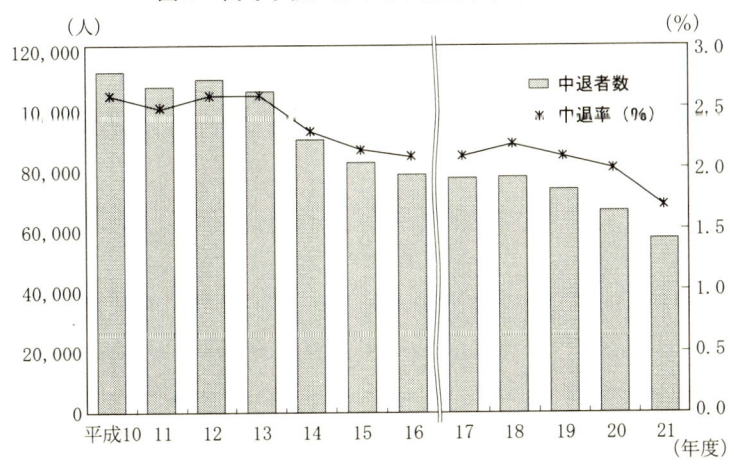

注　調査対象は平成16年度までは公・私立高等学校、平成17年度からは国・公・私立高等学校
資料：文部科学省「平成21年度児童生徒の問題行動等生徒指導上の諸問題に関する調査」

図3　ひきこもり群の定義

（注1）	有効回収率に占める割合（%）	全国の推計数（万人）（注2）	
ふだんは家にいるが、近所のコンビニなどには出かける	0.40	15.3	狭義のひきこもり23.6万人（注3）
自室からは出るが、家からは出ない	0.09	3.5	
自室からほとんど出ない	0.12	4.7	
ふだんは家にいるが、自分の趣味に関する用事のときだけ外出する	1.19	準ひきこもり　46.0万人	
計	1.79	広義のひきこもり69.6万人	

注1　ア）現在の状態となって6ヶ月以上の者のみ
　　　イ）「現在の状態のきっかけ」で、「病気（病名：　　）」に統合失調症又は身体的な病気、又は「その他（　　）」に自宅で仕事をしていると回答をした者を除く
　　　ウ）「ふだん自宅にいるときによくしていること」で、「家事・育児をする」と回答した者を除く
　　2　総務省「人口推計」(2009)によると、15～39歳人口は3,880万人より、有効回答率に占める割合（%）×3,880万人＝全国の推計数（万人）
　　3　厚生労働省の新ガイドラインにおけるひきこもりの推計値は25.5万世帯となっており、ほぼ一致する。
資料：内閣府「若者の意識に関する調査（ひきこもりに関する実態調査）」

図4　ひきこもり群になったきっかけ

Q23　現在の状態になったきっかけは何ですか。(複数回答)

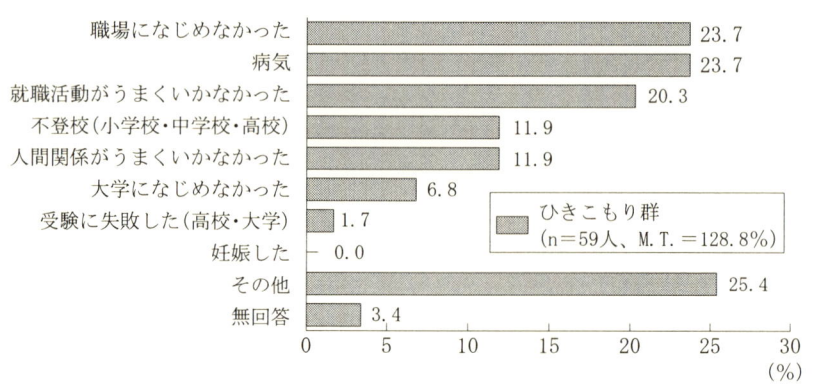

項目	ひきこもり群 (n=59人、M.T.=128.8%)
職場になじめなかった	23.7
病気	23.7
就職活動がうまくいかなかった	20.3
不登校(小学校・中学校・高校)	11.9
人間関係がうまくいかなかった	11.9
大学になじめなかった	6.8
受験に失敗した(高校・大学)	1.7
妊娠した	0.0
その他	25.4
無回答	3.4

(%)

資料：内閣府「若者の意識に関する調査（ひきこもりに関する実態調査）」

図5　若年無業者（15～34歳）の推移

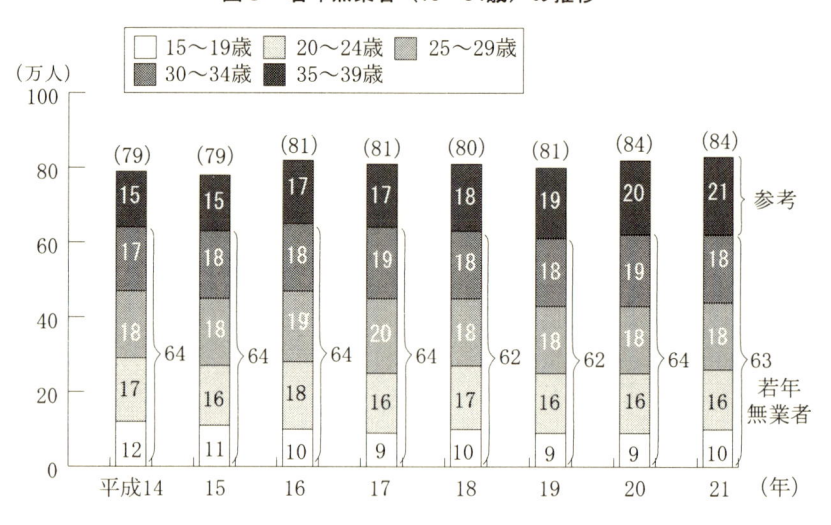

(万人)

凡例：15～19歳、20～24歳、25～29歳、30～34歳、35～39歳

年	15～19	20～24	25～29	30～34	若年無業者計	35～39(参考)	合計
平成14	12	17	18	17	64	15	79
15	11	16	18	18	64	15	79
16	10	18	19	18	64	17	81
17	9	18	20	19	64	17	81
18	10	17	18	18	62	18	80
19	9	16	18	18	62	19	81
20	9	16	19	19	64	20	84
21	10	16	18	18	63	21	84

注1　若年無業者については、15～34歳の非労働力人口のうち家事も通学もしていない者として集計。
　2　15～34歳計は、「15～24歳計」と「25～34歳計」の合計。15～39歳は、「15～24歳計」と「25～34歳計」と「35～39歳計」の合計。

資料：総務省統計局「労働力調査」

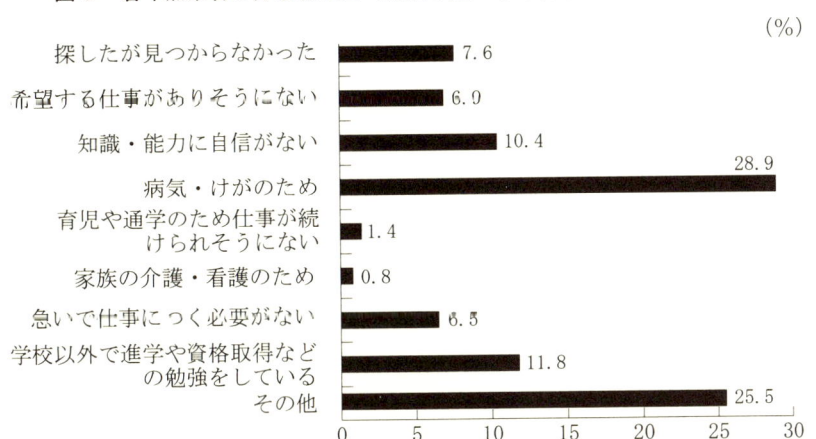

附　章　不登校・ひきこもり・アレルギーの要因と支援　153

図6　若年無業者の非求職理由（就業希望のうち非求職者）—平成19年

(％)

理由	％
探したが見つからなかった	7.6
希望する仕事がありそうにない	6.9
知識・能力に自信がない	10.4
病気・けがのため	28.9
育児や通学のため仕事が続けられそうにない	1.4
家族の介護・看護のため	0.8
急いで仕事につく必要がない	6.5
学校以外で進学や資格取得などの勉強をしている	11.8
その他	25.5

資料：総務省「就業構造基本調査」

（2）青年期の充実目指して

　青年のひきこもり現象は、世界的にも増加傾向にあり、韓国、台湾、香港、アメリカやイギリスなど先進国で顕著と報道されている。2010年5月にイタリアでは新聞特集を行ったが、その大見出しは、「HIKIKOMORI」と書かれていた。2010年8月オックスフォード英英辞典に、hikikomoriが語彙として入り、説明には「社会との接触を異常なまでに避けること」「若い青年に多い」とある。

　ひきこもりについて、山頭火や西行法師、芭蕉など旅に生涯を終えた歌人・文人をとりあげ、わが国には「ひきこもり文化」の伝統があり、これと関連していると説く人もいる。歴史上でみれば世界中で社会から逃れて生きた政治家や文人はもちろん、ひきこもりとも言える科学者や芸術家は少なくない。近年では、ユダヤ系ロシア人の数学者ペレルマンは、2006年以降研究所等に現れず、引き籠もったが、それ以前からの研究（ポアンカレ予想）で2006年度「数学界のノーベル賞」と言われているフィールズ賞を受賞（受賞辞退）したのは有名だ。

しかし今、社会的に問題になっているひきこもりは、青年が自らの意志や目的をもって行動しているのではなく、実態は深刻な苦しさの中にあると言われる。

青年期は、その後の人生の方向を決定付ける重要な時期であり、この時期に焦点を当て、いかに青年期を充実させるかを見通して、教育の諸制度はつくられている。この時期にこれほど多数の青年がひきこもり状態であることは、国の将来だけでなく、現実の経済問題だけみても膨大な損失であることに間違いない。

人生の流れからみれば、学校も家庭も大人になるための、どうしても通らねばならぬ関所であり、無事に大人に到達できるように支援（教育）するのである。現代の青年の困難は、改めて教育のあり方を問いただしているように思われる。

◆参　考

生涯で最も激動的で実り豊かな時期
「近代社会は、人生に青年期という時期のあることを発見しただけでなく、それが人間の一生においてもっとも激動的で、実り豊かな時期であることを明らかにした。ひとはどのような人間になるかは、青年期が終わるまでわからない。青年はその時期を通じて自己探求をすすめ、人間性の開花をめざすとともに、自他の人間性の開花を可能にする社会とは何かを問うていく。充実した青年期を享受することによってはじめて、青年は人間的成熟をとげ、社会的にも個人的にも自立した歴史的人間になることができるのである。」
　　　　────『竹内常一　教育のしごと』第4巻　青木書店　1995

第二の人生
　「私たちは、いわば、二回この世に生まれる。一回目は存在するために。二回目は生きるために。」　「……暴風雨に先立って、はやくから海が荒れさわぐように、この危険な変化は、あらわれはじめた情念のつぶやきによって予告される。にぶい音をたてて発酵しているものが危険の近づきつつあることを警告する。気分の変化、たびたびの興奮、絶え間ない精神の動揺が子ども

をほとんど手に負えなくする。まえには素直に従っていた人の声も子どもには聞こえなくなる。それは熱病にかかったライオンのようなものだ。子どもは指導者を認めず、指導されることを欲しなくなる……。

　これが私の言う第二の誕生である。ここで人間はほんとうに人間に生まれてきて、人間的何ものもかれにとって無縁のものではなくなる。これまでのわたしたちの心づかいは子どもの遊びごとにすぎなかった。ここではじめて、それはほんとうに重要な意味をもつことになる。普通の教育が終わりになるこの時期こそ、まさにわたしたちの教育をはじめなければならない時期だ。」
（ルソー『エミール』第4編）

2．ひきこもりの原因を考える

（1）不安と不満によるストレス

「子どものからだがおかしい」と言われだして久しい。「1970年中頃、保育や教育現場の先生たちの間で『子どもたちの身体がおかしい』という声が噴出し始めた。そこで、子どものからだと心・連絡会議（以後　子ども連）をつくり、『最近増えてきているからだのおかしさ』について、1978年からほぼ全国の保育所、幼稚園、小学校、中学校、高等学校の先生たちへ実感調査を行いました。それによると、どの年代でも上位にくるのは『アレルギー』『すぐ"疲れた"という』『皮膚がかさかさ』といったものです」

「実際、1998年に日本学校保健会が行った全国調査では、医師からアレルギーと診断されている子は40〜50％にもなっている。『皮膚がかさかさ』もアレルギーと関係している可能性は高い。つまり、先生たちが感じている子どもたちの"おかしさ"は現実に間違いなく起こっていることなのです」

　次いで「どこがどういう風に疲れたのかを調べても疲れているところが出てきません。子どもたちは疲れていないかもしれないのです。これに続いて『不登校』『首や肩の凝り』『頭痛、腹痛』が続く。こういった、わけのわからない不調が上位に出てきているのが目立った特徴です。つまり、病気と健康のはざまにいる"病気じゃないけれど健康でもない"子どもたちがどんど

図7-1　大脳前頭葉・「活発型」の出現率の加齢的推移

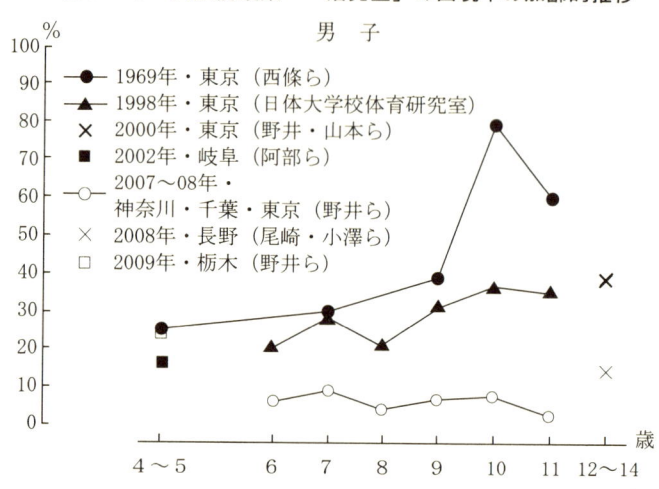

男　子

凡例：
- ● 1969年・東京（西條ら）
- ▲ 1998年・東京（日体大学校体育研究室）
- × 2000年・東京（野井・山本ら）
- ■ 2002年・岐阜（阿部ら）
- ○ 2007～08年・神奈川・千葉・東京（野井ら）
- × 2008年・長野（尾崎・小澤ら）
- □ 2009年・栃木（野井ら）

図7-2　大脳前頭葉・「活発型」の出現率の加齢的推移

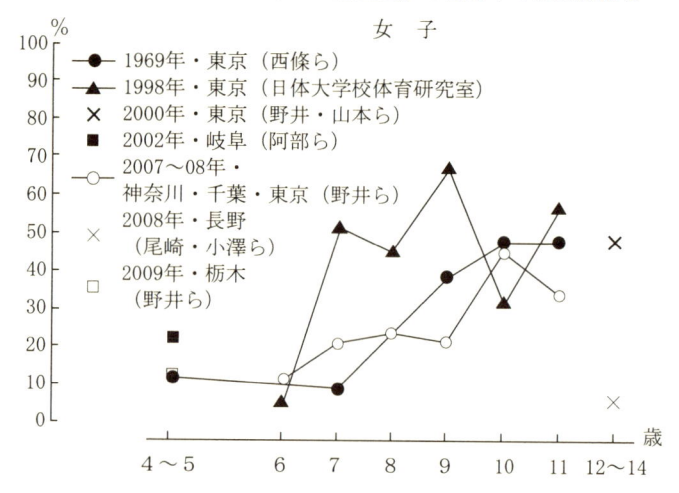

女　子

凡例：
- ● 1969年・東京（西條ら）
- ▲ 1998年・東京（日体大学校体育研究室）
- × 2000年・東京（野井・山本ら）
- ■ 2002年・岐阜（阿部ら）
- ○ 2007～08年・神奈川・千葉・東京（野井ら）
- × 2008年・長野（尾崎・小澤ら）
- □ 2009年・栃木（野井ら）

ん増えてきている。生き生きとした生命力に溢れた子が減ってきているというのが現状なのです」と、2009年の『こどものからだと心　白書』で報告している。精神的心理的な疲れは何が原因するのか。

子どもたちは自律神経と大脳前頭葉の未熟、発育不全、高次神経活動が年年低下していることを取り上げ、これが倦怠感やストレス過剰を引き起こすと仮説を立て実証しようとしている。

満足感いっぱいの遊び、達成感をもった学習、指示や義務ではなく自らの意思での行動など、子どもの健やかな発達が保たれているか、子どもの生活をふり返る必要がある。

過度のストレスは、激しい悲しみや辛さ、苦しみなどの衝撃の強さだけではない。かすかな刺激のように思われる満足感や達成感のない虚しさや不満、いつも何かに追い立てられているように感じる不安や気遣いなどでも、間断なく長期間続けば、やはり強い過度のストレスとなる。いじめの事例研究では、後の方がより強いストレスをもたらしたとの報告もある。

精神疾患の原因として一般的には心因、外因、内因に分け、それぞれが単独か、または重なり合って発症するとされている。

今報告されている子どもたちの精神状態が、不登校やその後の青年のひきこもりと深く関係していることは、これまでの経過や研究から充分推測できる。

◆**精神疾患については次のような説明がある**
1　外因性精神障害（脳器質性および症状性精神障害）
　　　脳自体、あるいは脳への障害が明らかにされているもので、脳腫瘍などの脳そのものの変化による精神症状、身体の病気による精神症状、痴呆やアルコール・薬物依存などを指します。
2　内因性精神障害（狭義の精神疾患）
　　　何らかの脳の機能障害（脳の神経細胞と神経細胞の間で情報の受け渡しをする物質のはたらきのアンバランス）あるいは遺伝的素因があると想定されるものをいいます。統合失調症や躁うつ病がこれに含まれます。

3 心因性精神障害
　心理的ストレスや性格、環境などが関与すると考えられるもので、神経症やパニック障害がこれに含まれます。

　子どもの発達を脅かし精神的不安や緊張をつくりだす要素には、工業の発展とともにつくりだされている新しい物質も多いことも指摘されている。
　大気や水汚染、食品の添加物、住居の建材などに含まれる、過去に大きな事件となった森永ヒ素ミルク事件、世界でも「MINAMATA」と呼ばれた水銀による水俣病やカドミュウムのイタイイタイ病は現在もまだ解決していない。健康を侵す有害物質、これらの中には精神疾患の外因を引き起こす物質についても報告されている。子どもや青年の精神不安との関係は未だ明らかではないが、農薬が自閉症と関わっているという報告がアメリカであった。今後、ますます多くの事実が明らかにされるだろう。

表1　化学物質過敏症の原因となる物質

大気汚染物質	窒素酸化物（Nox）、花粉、アスベスト、ダイオキシンなど
水質汚染物質	トリハロメタン、トリクロロエチレン、クロロホルム、四塩化炭素、重金属
食物汚染物質	有機塩素系、有機リン系、その他の農薬、食肉類に含まれる抗生物質、カドニウム、水銀、鉛などの重金属
食品添加物	保存料、防カビ剤、殺菌剤、発色剤、酸化防止剤、着色料など
農薬	除草剤、殺虫剤（パラコート、有機塩素系）、有機リン系、カーバメイト系など
医療品	感冒薬（ピリン系、アスピリン、アセトアミノフェンなど）鼻炎．咳止め用内服薬、抗ヒスタミン剤、ステロイド系、ビタミン剤など
工業薬品	ホルムアルデヒド、フェノール、クレゾール、有機溶剤など
化粧品関連	殺菌剤、防腐剤、着色料、ホルモン剤、染毛剤など

衣料関連	繊維加工剤、防虫剤、脱臭剤
室内汚染物質	建材や接着剤からのホルムアルデヒド、防食剤、防虫剤、プラスチック可塑剤、防燃剤、OA機器からの微量ガス、芳香剤、消臭剤、タバコ煙
家庭用化学物質	殺虫剤、合成洗剤、漂白剤、カビとり剤、ヘアースプレー、DIY用品（有機溶剤、塗料、ワックス、接着剤、ハンダなど）
動植物	ペットの毛やフケ、糞、カビ、ダニ、花粉

表2　身近な毒性物質

洗剤	陰イオン活性剤	陽イオン活性剤	非イオン活性剤
	洗濯用、台所用、シャンプー、LAS.AS.AES.AOS.SASには発ガン性	柔軟仕上げ、帯電防止剤、タンパク質の変性作用、逆性石鹸においては要注意が必要	台所用、医薬品の添加物、農薬の添加剤としても使われ発ガン性
漂白剤	塩素系漂白剤	還元漂白剤	
	カビとり剤、脱臭剤、消毒、過敏の人はアレルギー性皮膚炎、皮膚や粘膜の刺激	パイプクリーナーなど、消化器障害、呼吸器障害を引き起こす	
接着剤	水性	エポキシ系	ビニル系
	木材、紙、布など、誤飲すると嘔吐、腹痛、下痢、アレルギーの原因	金属、ガラス、陶磁器など、接触皮膚炎やアレルギー性疾患	塩ビ樹脂、木材、金属、アレルギー性疾患、モノマーは肝臓障害、発ガン性
染毛剤	アニリン誘導体	ピロガノール	
	皮膚への付着による発疹、アレルギー性皮膚炎、気管支喘息、メトヘモグロビン血症、発ガン性	皮膚粘膜への刺激性、アレルギー性皮膚炎、色素沈着、皮膚より吸収、肝.腎臓障害を引き起こす	

	有機リン系	有機塩素系	
白アリ駆除剤	フェニトロチオンには変異原性、テトラクロルビンホスには発ガン性、ホキシムは比較的低毒性	クロルピリホスには変異原性と催奇形性、トリクロルホンにはダイオキシン含有の疑い	
木材防腐剤	クレオソート	チアベンダノール	ジニトロフェノール
	タール系防腐剤、ベンゾビレンなどの発ガン性物質を含有	農業用殺菌剤として利用、肝臓障害、変異原性、催奇形性	写真の現像液にも使用、白内障、失明、肝障害

（2）個性に沿った子育て・教育

　たしかに子どもの心と身体の健康にはさまざまな物質や社会的関係が関わっている。しかし、世界中に広まっている青年のひきこもりや不登校が増えた原因は、基本的には子育て・教育にあり、社会生活の国際的な広がりと情報量の膨張、それを短期に会得させようとする教育のスピードにあるという説は多い。国連、子どもの権利委員会は2010年5月、わが国へ、次のように勧告している。

　7．教育、余暇および文化的活動（本条約第28条、第29条および第31条）
　〈教育、職業訓練および指導を含む〉
　70　本委員会は、日本の学校制度が並外れて優れた学力を達成していることを認識しているものの、学校および大学の入学をめぐって競争する子どもの数が減少しているにもかかわらず、過度な競争への不服申立が増加し続けていることに留意し、懸念する。本委員会は、また、高度に競争主義的な学校環境が、就学年齢にある子どもの間のいじめ、精神的障害、不登校・登校拒否、中退および自殺に寄与することを懸念する。
　71　本委員会は、学力的な優秀性と子ども中心の能力形成を結合し、かつ、

過度に競争主義的な環境が生み出す否定的な結果を避けることを目的として、その学校制度および学力に関する仕組みを再検討することを締約国に勧告する。これに関連して、締約国政府に、教育の目的に関する本委員会一般的注釈1号（2001）を考慮するよう奨励する。本委員会は、また、子ども間のいじめと闘うための努力を強化し、いじめと闘うための措置の開発に当たって子どもの意見を取り入れることを締約国政府に勧告する。

〈遊び、余暇および文化的活動〉
76　本委員会は、子どもの休息、余暇および文化的活動に関する権利に対する締約国の注意を喚起する。子どもの遊び（play-time）ならびに、公的場所、学校、児童福祉施設および家庭における自主的活動を促進する先導的取り組みを支援することを締約国に勧告する。

　刺激がどのような形で子ども・青年に伝わるかは、それを受け取る側の個性によって異なることは、当然考えられる。同じ環境にあっても、ストレスの強度は一人ひとり違う。子どもの個性を無視した指導はストレスを与える大きな要因である。
　どのような特性であっても、個性はその程度によって障害となる。その限度・境界は連続的であり、昔から言われてきたように「障碍と天才は紙一重」であり、区別は難しい。古くから、世界中で変人と指さされた芸術家は少なくない。科学者や発明家にも、個性的な言動についての逸話が多く残されている。自閉症やアスペルガー症と自称している科学者や芸術家は少なくない。
　特に発達障害には、知的な障害をもつ人が少なく障碍が見えにくい。そのため、その個性的障碍を無視した指導のため二次的障害を発症したという報告が多い。

◆発達障害者支援法
　自閉症、アスペルガー症候群その他の広汎性発達障害、学習障害、注意欠陥多動性障害、その他これに類する脳機能の障害であってその症状が通常低年齢において発現するものとして政令で定めるもの

　発達障害は日本では、1980年代ごろから注目されるようになったが、まだ十分に知られていないように思う。特に専門医が少ないと言われている。
　障碍がはっきり見えないため、サボっている、自分勝手、こだわりが強く強情、躾の問題とか、本人や親のせいにされてきた。そうではなく、個性であり障碍であり、本来生まれ持ったものと認識されるようになっている。早い段階でその特徴を把握し、支援することで改善されてくると言われる。
　しかし発達障害がこれほど多く問題にされだしたのには、そのような子が増えたのではなく、障碍と言えない子にも障碍としてしまうような社会的な環境・教育の問題とみることもできる。画一的な指導、発達のテンポを超えた速さ、ゆとりのない緊張の連続などが考えられる。
　今や発達障害者を救うことは、精神医療の課題というだけではなく、日本の社会全体の課題ではないかと、星野仁彦氏（福島学院大教授・医師）は主張している。この主張はすべての子どもの子育て、教育に当てはまるだろう。

◆星野氏の主張
　「ニートと呼ばれる若者の８割近くが軽度の発達障害ではないか。彼らニートはあるべき居場所から転落すると容易にひきこもり化し、脳のつくりから簡単に依存傾向を帯びて、それがますますひきこもりを頑迷化・長期化させる。ニートの多くがなんらかの深刻な依存症（ゲーム・ネット・薬物・その他）である」
　『発達障害に気づかない大人たち』祥伝社新書2010
　『依存症の真相——アダルトチルドレンとADHDの二重奏』ヴォイス　2008

3．ひきこもりから学ぶ「生活力」

（1）生活リズム

　ひきこもり状態の者の生活には、生活リズムがなく、または同じリズムの継続期間が短く、一定の行動パターンを期待できない。その日によって起床就眠時間が違う不規則生活、1日の単位が24時間ではなく25時間や26時間で、起床や就眠時刻が少しずつ違ってくる生活もある。

　就眠や起床の時間が一定で、生活リズムがあっても、日中特に午前中は睡眠で夜になると活動を始める昼夜逆転も多い。この背景には社会的活動への反発や拒否があると言われるが、果たしてそうだろうか。

　生活リズムをつくる中心は、睡眠でありそれを規定する就寝時間と活動を始めることのできる起床時間である。このように、規則的な一般の生活は、睡眠時間がどうなるかによって決まってくる。さらに活動は充分な休息がとれているかどうか、睡眠の質にかかっている。

　睡眠がどれほど必要かは、年齢や、活動の内容によって変わってくるだろうが、子どもの場合、夜9時頃に寝て朝7時までには起きて活動するのが日常的なリズムではないだろうか。年齢が上がるにつれて睡眠時間は少なくなり、活動の変化にともなって就眠や起床の時刻が変わってくる。夜寝付けない、そのため朝起きられないという悩みを口にする人は多いが、ひきこもり状態の青年には特に多い問題である。この状態をただすためには、睡眠導入剤や睡眠薬がある。また寝る時間が10時間を超えて長い、寝不足で起床できない、何時間寝てもすっきりしないなどの場合は、睡眠障害もあり得る。

　最近、幼児の睡眠時間の減少・睡眠不足が問題になっている。学齢期の子どもの睡眠がおかしいという報告はすでに久しい。

図8 起床時刻の年次推移（睡眠状況）

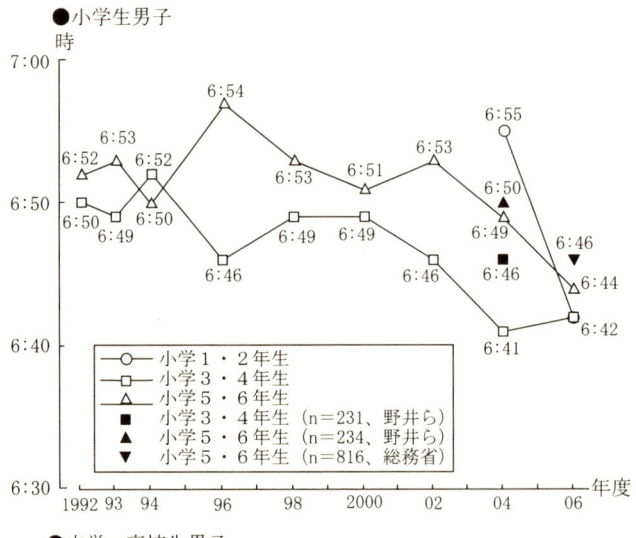

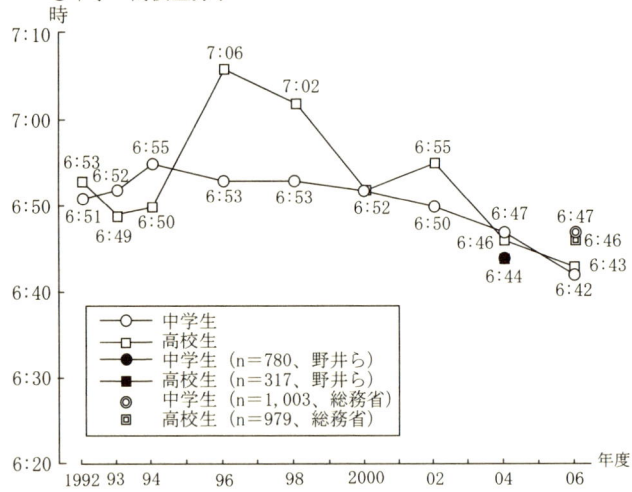

●小学生男子

凡例:
- ○ 小学1・2年生
- □ 小学3・4年生
- △ 小学5・6年生
- ■ 小学3・4年生（n=231、野井ら）
- ▲ 小学5・6年生（n=234、野井ら）
- ▼ 小学5・6年生（n=816、総務省）

●中学・高校生男子

凡例:
- ○ 中学生
- □ 高校生
- ● 中学生（n=780、野井ら）
- ■ 高校生（n=317、野井ら）
- ◉ 中学生（n=1,003、総務省）
- ▣ 高校生（n=979、総務省）

資料：日本学校保健会『児童生徒の健康状態サーベランス事業報告書』野井真吾ほか（2008）、「からだの学習」に関する基礎的研究：疑問調査・知識調査・生活調査・体調調査の結果を基に「学校保健研究」49（6）：439〜451、総務省統計局『平成18年社会生活基本調査』より

注　小学生女子は男子とほとんど変わらない。中高女子の起床時間はほぼ6:30〜6:50となっている。

附　章　不登校・ひきこもり・アレルギーの要因と支援　165

　ひきこもり状態の青年は、長時間睡眠型が多いといわれるが正確なデーターはない。さらに、起床してから行動するまでの時間が不規則、行動の途中で眠気に襲われたり、疲れて行動を続けられないなどの体調の変調も、生活のリズムがつくれない理由になる。

　人によっては、睡眠時間が短時間型と長時間型がある。短時間の睡眠で足りる人と、長時間寝ないとすっきりしない人とがいるようで、歴史上の人物で言うと、ナポレオンは短時間睡眠で1日に4時間程度、アインシュタインは1日に10時間以上の睡眠をとっていたと言われている。医師で高名な日野原重明氏は短時間型、『ゲゲゲの鬼太郎』の水木しげる氏は長時間型で、短時間・長時間のどちらが良いということはない。短時間睡眠の子に、長い眠りを押しつけてもストレスになるだけ、長時間睡眠の子の眠りをさまたげてまで朝早く起こすことはない。子どものタイプを知ることが生活リズムを整えるうえで大切と思われる。

　しかし、いくら短時間型といっても幼児は平均10時間、小学生でも最低8時間は睡眠が必要であり、あまりにも短い場合は、精神的な興奮が強すぎる場合などが考えられ、生活環境や昼間の過ごし方なども合わせてみる必要がある。

　ひきこもりの多くの例では、対人関係や無気力の克服過程で回復の度合いと併せて、生活リズムを意識させる方法がとられている。このような状態になれば、生活リズムを意識的にただしていくことで、対人関係や無気力症の回復が促進されることも報告されている。

（2）対人関係

　円滑な対人関係こそ、生活力の中心に違いない。
　ひきこもりの克服には当然ながら対人恐怖の克服が大きな課題になる。対人恐怖をもつ場合、不満感や不安感の継続とともに、困難や見通しのはっきりしない問題に取り組むことが苦痛になり、強いては通常の関係での会話の刺激までもすべてストレスと感じ、このストレスの蓄積が、他者からの提案

や指示がすべて自分を攻撃する刺激と感じられるようになる。この状態になると人に会うことで新たな攻撃が与えられる不安・観念を強く生じ、ここから人に会うことができなくなる。

　他者は常に自分を攻撃するという潜在意識が強い場合があって、これが高じて対人恐怖とその周辺の視線恐怖や妄想、幻聴等をともなうこともある。ひきこもりの青年だけではないが、この状態では特に個性が強く表れ、さまざまな対人関係の困難がある。

　わが国は伝統的に、人前での振る舞いを控えること、親や目上の者には自分の意見を差し控えるなど、内向することを強いる伝統があって、ひきこもりとは言えない青年にもこの傾向は広く存在していると言われる。青年の特徴として報告されている、同年齢・同世代に恐怖を強く感じること、過去の自分や近所で顔見知りだった人には会えない半知の恐怖は、特にひきこもり青年にはほぼ共通して現れる。

　対人恐怖の克服は、サポーターが、青年の思いや感情をそのまま受け入れる絶対的受容と肯定、そこから青年の納得から、自らの意志で行動することの繰り返しから徐々に回復するという報告が多い。

◆対人恐怖症

　対人恐怖症は、恐怖症のひとつであり、患者は社会的接触を恐れ、それを避けようとする症状を示す。また、その結果として、社会的生活に支障をきたしたり、生活において必要な人間関係の構築が十分できなくなったりする。日本特有の文化依存症候群とされ、そのまま Taijin kyofusho symptoms (TKS) と呼称されている。個々の症例により、以下のとおりさまざまに呼称されるが、それを包括するものである。

　あがり症、赤面症（赤面恐怖症）、視線恐怖症、多汗症、体臭恐怖症、会議恐怖、雑談恐怖、強迫観念

　西洋社会において一般的な、自身に対する攻撃や、社会的な不器用さのため他人によって非難されると言った他律的な恐怖より、むしろ他人を傷つけるか、迷惑をかける、怒らせてしまう自分自身に対する自律的な恐怖という

症状が見られる。ルース・ベネディクト的な、「罪の文化（guilty culture）」に対する、「恥の文化（shame culture）」の表出とも解される。対人恐怖症は引きこもりを伴うことが多い。

　社会恐怖としばしば同一視されるが、必ずしもイコールではなく、回避性人格障害や身体表現性障害などの他、精神疾患とも概念的に重複しうるディメンション的な疾患であるとも言われている。

　人生は青年期になると進学・就職などの局面を迎えることになり、新たな対人関係が待ち受けることになる。この時期の人に対人恐怖症が好発する。

　対人恐怖症についての理解のしかたはいくつかある。対人恐怖症は「対人場面で不当に強い不安や緊張を生じ、その結果人からいやがられたり、変に思われることを恐れて、対人関係を避けようとする神経症である」ともされる。対人恐怖症には、赤面恐怖、視線恐怖、表情恐怖、発汗恐怖など様々な種類がある。赤面恐怖とは、人前で赤面するのではないかと恐れる症状であり、視線恐怖とは、他人の視線を恐れる症状である。

（ウィキペディアより引用）

（3）気力の充実

　無気力はひきこもりの最も強い特徴かも知れない。生活リズムの乱れや対人関係での困難も青年の自信を弱め、そのまま気力低下に繋がる。

　無気力は異常な神経の興奮や混乱に陥ったとき、これ以上の刺激を受け入れないように身体が無意識の中で働く、いわば本能だろうと言われている。たしかに、行動すれば必ずそこから何らかの刺激が青年に還ってくる。少しの刺激でも異常に刺激的に感じる状態の時期には、危険を避ける本能的行動とも受け取れる。

　ひきこもりの回復をみていると精神的な緊張が薄れるとともに、趣味や個人の必用なことには気楽に行動できるようになる。しかし、社会的に必用な行動をとろうとしない。ここで「怠け」「やる気がない」と非難される場合が多い。ここには、緊張が強かったときの、行動しようとすると起こる異常な高ぶり、混乱の記憶が残っていて、行動についての不安が高ぶるからではないかとも考えられる。

「気力は不安と表裏一体である」という見方は、低年齢の子どもの発達には顕著である。この考えでは説明できそうにない、大学生の5月病や「モラトリアム」も根源で通じるのではないだろうか。ひきこもりの回復には、サポーターの存在が大きい。サポーターは青年の不安を取り除き、希望を語って行動を促す。一歩ずつ、ゆっくりと行動を始める。スモールステップ、スローステップといわれる取り組みを積み重ねながら自信を育て、気力を充実させてゆく。

　子どもにとっても、失敗を希望に変え、成功を自信に繋げるためには、教師や親のサポートがきわめて重要なことは言うまでもない。

　◆アパシー
　スチューデント・アパシーとは、ハーバード大学のウォルターズが報告したもの。大学生に特有な無気力状態として情緒的な引きこもり、競争心の欠如、内的な空虚感といった状態を指した。
　スチューデント・アパシーは、日本では1970年代以降、高度成長の波にのる形であらわれ、「自分が本当にやりたいことは何か分からない」などの意欲喪失状態に陥ることが指摘された。4月に入学してきた学生が5月にはそうした状態に陥ることから、5月病とも呼ばれる。
　無気力症候群ともいう。主として青少年にみられる症候。計画性がもてず、意欲に乏しく、何事に対しても無気力、無関心、無感動に過ごすため、三無主義ともいわれた。米国では1960年ころから学生を中心に広がり、日本では1960年代の終りに大学生にみられるようになり、徐々に低年齢化してきている。

　◆モラトリアム
　学生など社会に出て一人前の人間となる事を猶予されている状態を指す。心理学者エリク・H・エリクソンによって心理学に導入された概念で、本来は、大人になるために必要で、社会的にも認められた猶予期間を指す。日本では、小此木啓吾の『モラトリアム人間の時代』（1978年）等の影響で、社会的に認められた期間を徒過したにもかかわらず猶予を求める状態を指して否定的意味で用いられることが多い。

◆うつ病

鬱病とは、気分障害の一種であり、抑うつ気分や不安・焦燥、精神活動の低下、食欲低下、不眠症などを特徴とする精神疾患である。

うつ病は、従来診断においては「こころの病気」である神経症性のうつ病と、「脳の病気」である内因性うつ病と別々に分類されてきたが、2010年現在多用されている操作的診断では原因を問わないため、うつ病は脳と心の両面から起こるとされている。「脳の病気」という面では、セロトニンやアドレナリンの不足が想定されており、脳内に不足している脳内物質（ドーパミン、ノルアドレナリン、セロトニンなど）の分泌を促進させる薬物治療を行う。これが心療内科や精神科におけるうつ病治療の主流になっている。

（以上、ウィキペディアより引用）

表3　子どもの「からだのおかしさ」年表

1960年	「遠足で最後まで歩けない子がいる」（東北教育科学研究会大会にてチダ・ヨシアキさん発言。体力の低下か、根性が無くなったのか、土踏まずの形成が遅くなったのか？）
1973年	「子どもの手が不器用になってきた」（中日新聞。実は1972年に気づいていたが、「問題」は"脳"に関わることなので、慎重に報道）
1975年	「背すじが妙だ」（全国養護教員サークル協議会・高知集会にて吉永冨美子さん発言） 「青少年の体力の中で、男女ともに低下しているのは"背筋力"だけ」（日本教育学会大会にて、正木健雄さん報告）
1976年	「"運動（機）能"の中で「閉眼接指」の合格率が低下している」（日本体育学会で神戸大学・岸本肇さんらが報告、その後『体育学研究』第23巻第2号（1978年）に論文） 「体温低く、眠りたい子」（読売新聞、3月1日）
1977年	「子どもの疲労の自覚症状は、航空管制官の疲労状態に似ている」（岐阜県恵那郡上矢作町教育研究会・川上康一さんらの「子どもの心とからだ調査」結果から）
1978年	「最近目立つからだの"おかしさ"の実感は、"朝からあくび"や"背中ぐにゃ"」（NHKと日本体育大学体育研究所による「子どものからだの調査78」〈43項目〉、これらの結果を基にNHK特集「警告！こどものからだは蝕まれている!!」が製作されて10月9日に放映）

1979年	「子どものからだと心・連絡会議」（3月）発足、「第1回子どものからだと心・全国研究会議」（10月）開催 全国保育協議会「乳幼児のからだの調査」実施（「すぐに"疲れた"という」項目入る）
1984年	岐阜県中津川市・学力充実推進委員会による「子どものからだと心調査」で、"大脳・前頭葉の活動の強さ""筋肉感覚""覚醒水準"と"土踏まずの形成"の低下が注目。 全国保育協議会「乳幼児のからだの調査」で、"最近増えている"実感のワースト1が、東京で"アレルギー"となった。
1986年	「自律神経系が自然に育たなくなってきている」（正木健雄さんらによる"血圧調整機能"の調査から。「朝礼でバタン」は"自律神経系"の不調？）
1990年	「"アレルギー"と医師から診断されている子は12%」（全国保母会が「アレルギー」について初めて全国調査） 「子どものからだ調査'90」（日本体育大学）でどの学校段階でも"最近増えている"と実感されているワースト1が「アレルギー」になった。
1991年	「学齢期の子どもに病気とは言えないが、"おかしい"事象（学齢期シンドローム）が見られる」という医師の実感が85.6%（全国保険医団体連合会による全国調査） 厚生省が「日常生活とアレルギー様症状」についての全国的な実態調査を実施（医師から何らかの「アレルギー様症状あり」と診断された5〜9歳の子は30.3%）
1996年	「"低体温傾向"の子が起床時に2割くらいいるが、"高体温傾向"の子は放課後に5割もいる」（澤田〈現姓・大川〉佳代子さんの卒論調査）
1998年	「東京都の子どもの視力不良に地域差がみられる」ことに注目（上野純子さん、『臨床環境医学』第4巻第2号（1996年）、ならびに『同左』第6巻第2号（1997年）に論文） 国連・子どもの権利委員会が『子どものからだと心白書'96』（英訳）に注目し、日本政府への「最終所見」に活用。（「血圧調整良好群の出現率とその加齢的推移」と「学校長期欠席児童・生徒の割合の推移」）
2002年	「出生性比」「死産性比」の推移に注目（『子どものからだと心白書』に記載） 「子どもの"行動体力"と"運動能力"の推移は学校指導要領の特徴が反映している」（野井真吾さんら、『Health Promotion Interna-

	tional』第17巻第2号（2002年）に論文）
2003年	中国で2002年に「子どものからだの"おかしさ"」実感調査が行われ、この結果について研究協議のため「中日子どものからだと心の健康に関する学術論壇」を中国・高等教育出版社と「子どものからだと心・連絡会議」とで共催。（中国の子どもの「からだの"おかしさ"」の実感状況は、日本の1980年代中頃と同じ程度）
2005年	保育所で、初めて4歳児が"熱中症"により死亡した。（8月10日） 「子どものからだ調査2005」（日本体育大学 他）で、"最近増えている"と多く実感されている項目はほぼ同じ。ワースト5に幼稚園で「床にすぐ寝転がる」（保育園ではワースト6）が入ってきたことが注目された。
2006年	中国・北京市で5月に小学生・中学生を対象に「自律神経」に関する日中共同学術調査が行われ、1984年に日本で行われた調査結果と同じ水準であり、自律神経系が自然に発達できないでいることが再確認された。
2007年	保育所で、再度2歳時が"熱中症"により死亡した。（8月5日）
2008年	川崎市の中学校で、中学1年生の男子が授業中に鬼ごっこをしていて4階の窓から転落、死亡した。（11月4日）

（正木健雄　作）

出所：『子どものからだと心　白書』2009年版より

（石井　守）

2節 "おかしな事象・兆候" は生活習慣が原因

1. はじめに

　世界保健機構（WHO）は、健康とは完全な肉体的、精神的および社会的福祉の状態であり、単に疾病または病弱の存在しないことではないことを表している。われわれが健康であるためには心と身体が病弱でないことが基本的な考え方であるが、社会的生活に適応することである。

　近年、「不登校」・「ひきこもり」は心身の病気が原因になっているのではないのに、仕事をしたり学習をしたりといった社会参加をせず、6ヶ月間以上にわたって自分の部屋や家から外に出られない状態にある人のこととされている。

　「不登校」・「ひきこもり」について、竹中哲夫は、成因は雪だるま式に原因が重なり、最初は小さな雪の玉が、転がっているうちにだんだん大きくなり、ついには大人でも動かせない雪だるまになって固定化、長期化、重症化してしまう状態であると表している。

　なお「ひきこもる人」の10人に6人は小学校から大学の何れかで、不登校を経験していて、"人間関係で対人関係が苦手で、必要な基本的な空気が読めず、孤立しやすい"状態であり、いずれの年代にも共通している。

　社会参加ができない者に対し、共同社会での安定を潜在的に希求する日本社会は、脱落層の子どもたちの社会的存在を許容し続けている。しかしながら、近年のこれらの事態を憂慮した国連権利委員会が、「日本の子どもに対する勧告」を1998年および2008年に日本政府に送り、『日本の子どもたちが置かれている過酷な受験戦争は、「不登校」や「いじめ」等を生み出すだけでなく、子どもの人権上に問題がある』と、日本の教育制度への批判と改善策

を求めた。さらに、2010年5月25日より6月11日に国連権利委員会は3度目の勧告を日本政府に送った。なお、加えて、注意欠陥多動性症候群（ADHD）についても、今後、数量的傾向を監視して、薬品産業から独立して研究の実施に向けるよう勧告を日本政府に対して示した。

『子どものからだと心　白書』では、1978年よりの実感調査を実施していて、保育・教育現場の先生方からの「最近の子ども児童・生徒の身体のおかしさ」に関して示している。保育園・幼稚園・小学校・高等学校のすべての学校段階で「アレルギー」と「倦怠感」がワースト5にランクしていると表している。少子高齢化が進む社会の将来や活力を考えるうえで、子どもの心身の変化は今日的、重要課題の一つと考えられる。

この心身兆候の増加は、いったい何が成因・原因になって現れているのか、「不登校」・「ひきこもり」と「アレルギー」問題を中心に出生年代ごとに関連して現れる事象を考察することによって、今後の早期発見と予防活動を希求する。

2．社会参加の困難な若者

(1)「不登校」・「ひきこもり」経験者と"今、何をしてよいかわからない"者の出生推移

図1より、「不登校」・「ひきこもり」経験のある者は1955年以前の生まれでは3.4％であったものが、85－81年より90－86年に増加して、1991年以降の生まれでは14％と増加傾向を示している。なお、現代の「不登校」・「ひきこもり」経験者の特徴は、家や学校の中ではご飯も食べるし、テレビを見る、学校に来ることのできる生徒や学生もいる、というように日常生活には問題がないように映るが、「何をしたいのか、どうすべきか解らない」と言う。この兆候は「モラトリアム状態」であり、「不登校」や「ひきこもり」の経験者に多い兆候である。

不登校について、ヒトの前頭葉機能は、とりわけ前頭前野の活性は、人間

が社会の一員として生きていくためには必要不可欠である。一方、自律神経機能は、意志とは関係なく消化吸収、循環、呼吸、排泄等の働きがなされ、睡眠と覚醒のサイクルにあわせて交感神経が優位に働き、眠ると副交感神経が優位に働き、この神経が乱れると自律神経失調症になり、「めまい」や「立ちくらみ」が生じる。ほかに、意欲・関心の低下をきたし、疲労感があり、体調不良が現れていることが、『子どものからだと心　白書2010』に表されている。

　図1のごとく、「今、何をしてよいか決められない」モラトリアム状態の者について、1955年以前生まれは5.1%であったが、90-86年生まれになると21.5%と極めて高い値となり、91年以降の生まれでは最も高い24.4％となり、今なお上昇を示している。

図1　"不登校・ひきこもり"と"今、何をしてよいか決められない"者の出生推移

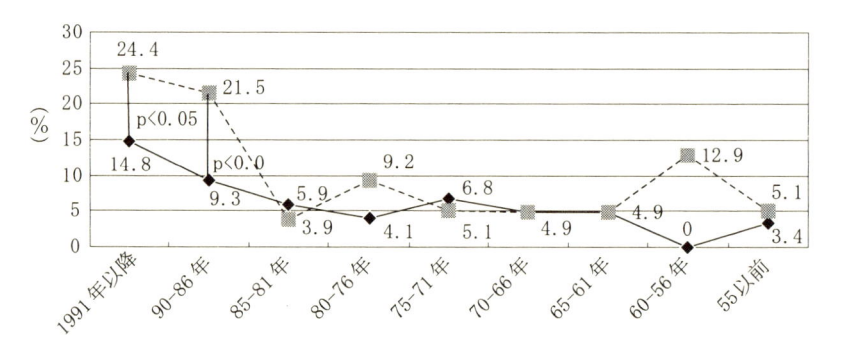

―◆― 不登校・ひきこもりの経験がある　-■- 今、何をしてよいか決められない

出生年	不登校・ひきこもりの経験がある	今、何をしてよいか決められない
1991年以降	14.8	24.4
90-86年	9.3	21.5
85-81年	5.9	3.9
80-76年	4.1	9.2
75-71年	6.8	5.1
70-66年	4.9	4.9
65-61年	4.9	4.9
60-56年	0	12.9
55以前	3.4	5.1

$p<0.05$、$p<0.0$

注　1900年出生年　2010年6月より10月まで大阪府・京都府・愛知県・岐阜県・長野県の男女710名を対象に平塚が調査した。

（2）「不登校・ひきこもりの経験」者は「キレやすく、すぐにカッとなる、常にイライラしている」兆候との関係

『日本において1990年代後半よりみられる「ひきこもり」は、人間関係の不全や自己主張の欠如から来るものであって、この対人関係のつまずきが青

少年の凶悪犯罪に繋がっている』と宗像常次は指摘している。

　ストレスに出会ったら、普段から神経を別のものに切り換えて、暴走を防ぐことができるのであるが、「自分でも解らないで、ついカッとなって」と言っている。

　松弘行は、『日本人は欧米に比して敵意や攻撃性は低く、会社人間が多いタイプ A 行動パターンを示す』と表している。しかし、宗像は、『生理学的には高コルチゾールのストレスがもたらす社会では扁桃体を刺激し興奮を起こし、過去に傷付いた恐れ・怒り・哀しみなどの否定的な感情を持ち、ストレス憎悪を起こしやすい』と述べている。
「抑制型」は「興奮」にくらべて、抑制が優位であるタイプで、興奮が抑えられていて、自分の気持ちを表現することが苦手な人々が"キレる"という事象に及ぶと考えられる。

　図2のごとく、「不登校・ひきこもりの経験」と「キレやすく、すぐにカッとなる、常にイライラしている」者との関係では、「不登校・ひきこもりの経験」のある者に「キレやすく、すぐにカッとなり、常にイライラしている」者が多く、「不登校・ひきこもりの経験」の無い者には「キレやすく、すぐにカッとなり、常にイライラする」兆候は低い値である。

図2「不登校・ひきこもりの経験」と「キレやすく、激しやすく、すぐにカッとなる、常にイライラしている」者の関係

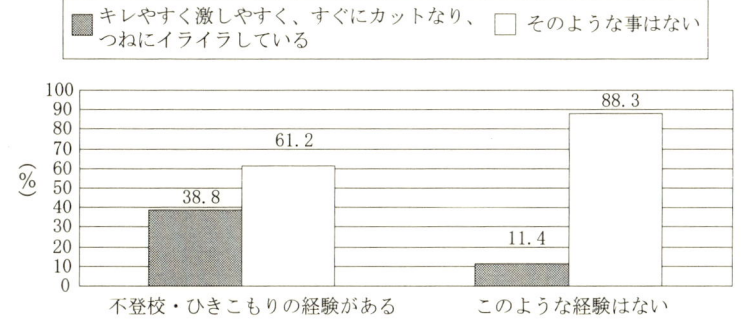

凡例：■ キレやすく激しやすく、すぐにカットなり、つねにイライラしている　□ そのような事はない

	キレやすく…	そのような事はない
不登校・ひきこもりの経験がある	38.8	61.2
このような経験はない	11.4	88.3

注　2010年6月より10月まで、大阪府、京都府、愛知県、岐阜県、長野県の男女710名を対象に平塚が調査した。（N=710　** p＜0.01）

(3)「不登校やひきこもりの経験」のある者は「ストレス耐性が低く、ひどい心配性と強い不安感がある」兆候を感じる

　不登校は、ヒトの前頭葉機能、自律神経機能の問題があって引き起こされるとされている。人とのコミュニケーションがとれなくなって、生きていくことには問題はないのであるが、社会生活に問題をきたすことを（1）で述べているが、問題は社会的なコミュニケーションをとって、意欲をもってテキパキと仕事をこなすことができず、結果として若者は人間以外の機械に嵌ることになり、人と会って話すことを嫌がり、人よりもテレビやパソコンや車の空間にのめり込むことになっていることもある。有田秀穂は『前頭葉は、人間が社会の一員として生きていくために必要不可欠な働きをしていることが明らかになり、人としてかなり危機的な状態である』と表わしている。

　図3のごとく、「不登校やひきこもりの経験」と「ストレス耐性が低く、ひどい心配性と強い不安感」の関係において、「不登校やひきこもりの経験」がある者に「ストレス耐性が低く、ひどい心配性と強い不安感」の兆候のある者が多く、「不登校やひきこもりの経験」のない者には「ストレス耐性が低く、ひどい心配性と強い不安感」の兆候のない者が多かった。

図3　「不登校やひきこもりの経験」と「ストレス耐性が低く、ひどい心配性と強い不安感がある」者の関係

	ストレス耐性が低く、心配性と不安感がある	そのような事はない
不登校やひきこもりの経験がある	42.9	57.1
経験はない	20.4	79.3

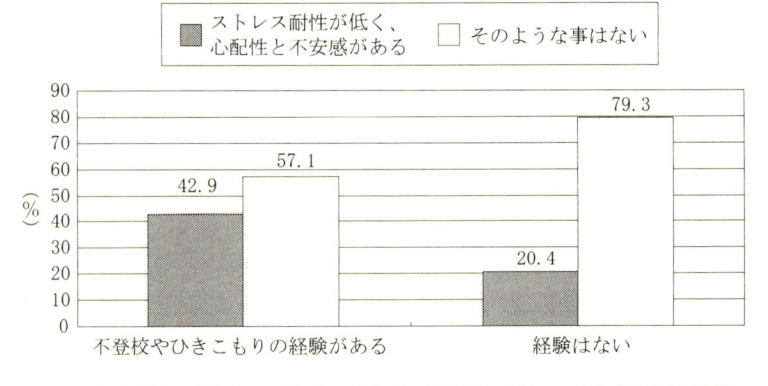

　注　2010年大阪府、京都府、愛知県、岐阜県、長野県の男女710名を対象に平塚が調査した。（N=710　** p<0.01）

3．現代の自律神経系と免疫系の最近の問題
——アレルギーとの関連

セレトニン神経が弱まりインパルスに乱れが生じると自律神経（交感神経・副交感神経）に乱れが生じて自律神経失調症になる。

人は、一瞬にして情報を分析して、経験と照らし合わせることによって、最善の行動を選択することができるのは、ノルアドレナリンやドーパミンの働きによるが、セレトニンが規則正しく分泌されることが必要である。このセレトニンよってドーパミンやノルアドレナリン神経の過興奮が抑えられて脳全体のバランスを整えている。しかしながら、セレトニン神経が弱まりインパルスに乱れが生じると、自律神経に乱れが生じて自律神経失調症になる。自律神経の交感神経では、怒りやおそれを感じたときに心拍数を増加させ、血圧を上げて、肺を拡張させて酸素を取り込み、瞳孔を拡大させ、発汗や総毛立ち、骨格筋の緊張が増大し、興奮させて外部に対応させる。情動では怒りの感情が現れる。一方、正反対の副交感神経では血圧を下げ、内臓の働きなどを調節し、消化・排泄に備え、気持ちを落ち着かせている。

（1）騒音や冷水が自律神経に影響をおよぼし血圧に変化を与える

騒音は公害として社会問題となっているが、近年は子どもの血圧調節不良群の出現がきわめて高い状態でもある。この結果は、現場の高校生を対象にした調査であるが、騒音の自律神経への影響を知るために騒音による血圧の変化と、冷水の自律神経への影響を知る目的で、寒冷昇圧反応を利用して血圧の変化を比較した。

〈騒音と騒音による血圧の変化〉

18回測定した血圧の平均値を表1に示した。最高血圧は冷水処理、騒音処理でともに基礎血圧値と比較して有意な上昇を示した。最低血圧も両処置で

有意に上昇したが、騒音処理ではやや軽度であった。

表1　騒音と騒音による血圧の変化

(465人、1～6日計18回平均±標準偏差)

	最高血圧		最低血圧	
基礎血圧	107.67 ± 9.54		65.58 ± 9.86	
冷水処理	112.21 ± 11.26	**	69.63 ± 9.75	**
騒音処理	110.28 ± 10.71	**	67.11 ± 10.18	*

* : $p<0.05$
** : $p<0.001$

2001年平塚調査
氷を入れた水の中に手を入れて、自身の基礎血圧から上昇値を比べたものである。その後、騒音も同じくウォークマンで高い重低音量で血圧を測定して比較したものである。

　本調査は血圧の日内変動や生活習慣病が比較的少ない16歳～18歳の年齢の揃った500近い多数の女子高校生を調査し、基礎血圧からの変動を個体ごとに解析した。その結果、群全体としては、騒音処理や冷水処理により最高血圧と最低血圧の上昇を認めた。騒音はストレッサーとして働き、人のcatecolamines カテコールアミン（神経伝達物質）、growth hormone（成長ホルモン）、cortisol コルチゾール（副腎皮質ホルモン）、prolactine プロラクティン（女性ホルモン）にも影響を与えることが示唆されるが、実際の健常者を騒音に暴露して血中norepinephrineの上昇を認めた報告もあるが、最高、最低血圧の上昇をきたすものが多かった。

　一方最低血圧の低下をきたした例についてその理由について検討を要する必要がある。若者の多くが日常生活の中で長時間、ウォークマンや他の騒音の中で生活しており、家庭や電車の中まで音楽を聞いている。そのことにより日常生活のサイクルに変化をきたして、自律神経系の失調が加わり、さらに不健康な心身が形成されることが懸念される。

附　章　不登校・ひきこもり・アレルギーの要因と支援　179

（2）「憂うつで悲しい」と訴える者が「血圧の低下」に及ぼす関係

　最低血圧の低下をきたした例については、上記の調査で、その理由について検討を要する必要があったので、アンケート調査で、うつ状態と血圧の関係を調査して、有意な差が認められたので表わすことにした。

　慢性的なセレトニン不足が続くと、脳の活動が全体的に低下して、その結果「うつ病」を引き起すとされる。なお、セレトニン神経が弱まりインパルスに乱れが出ると自律神経のスイッチングに乱れが生じるとされる。

「憂うつで悲しい」と訴える者に、「憂うつでない」者よりも「血圧が低くなった」者が多く、「憂うつのない」者では、「血圧が低下」する者が少なかった（図4）。

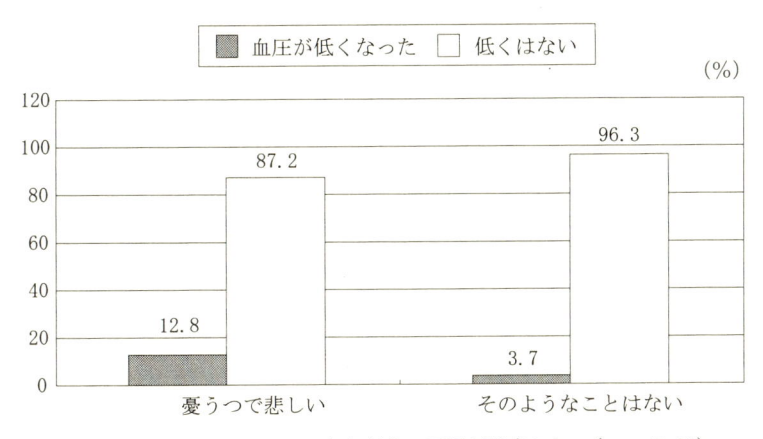

図4　"憂うつで悲しい"と"血圧が低くなった"者の関係

	憂うつで悲しい	そのようなことはない
血圧が低くなった	12.8	3.7
低くはない	87.2	96.3

（%）

　注　2010年11月と12月に1401名を対象に平塚が調査した。（** $p<0.01$）

（3）交感神経と副交感神経のバランスの崩れたときに表れる兆候

「健康である」と自覚できる状態は、"日常役割機能があること"、"全体的健康感があること"、"社会生活機能が十分であること"、"身体の痛みが感じられないこと"、"活力がみなぎっていること"、"心が健康である"と自覚できる項目と考えられる。

副交感神経から交感神経へのスイッチングには、セレトニン神経の規則的なインパルスが重要な働きをするが、有田秀穂は、その際にセレトニン神経が弱まり、インパルスに乱れが現れると、自律神経のスイッチに乱れが生じて、自律神経失調症になり、その結果、「めまい」や「立ちくらみ」が生じることを表している。
　2010年に自律神経の症状調査を実施した結果を、図5に表している。
「倦怠感のある者」においては、1935年以前の出生者では25％であったものが、45～41年生まれでは減少し、その後70～66年では上昇して、1991年以降になると最も多い31.9％にも達している。
「めまい（立ちくらみがする）者」では1935年以前の出生者では11.7％であったものが、1945～41年には減少し、その後は横ばい傾向を示し65～61年には増加し、80～76年では僅かであるが減少し、その後1991年以降の者に最も多い29.8％と上昇した。
「頭痛がする者」では、1935年以前の出生者は11.7％であったが、45～41年では減少し、その後は65～61年にかけて最も増加し、1991年以降の生まれでは25.1％となった。
「腹痛がする者」では、1935年以前の生まれでは5％と低く、90～86年では10.2％となり、その後1991年以降出生では最も多い17.8％と増加している。
　なお「倦怠感がある」、「めまい（立ちくらみがする）」そして、「頭痛がする」、「腹痛がある」の各症状の間には有意の差が認められている。
　すなわち、各出生年代と各兆候には有意な差があって、各兆候は出生年代に特徴が現れていることがわかる。
　図5から自律神経の諸症状（兆候）は、若い年代層に出現して、「倦怠感のあるもの」は、子どもでは表2、表3に現れている「すぐ疲れたと言う」と同じ兆候であって、"前頭葉機能"と"自律神経機能"に問題が生じていて、意欲や関心の低下、疲労や体調不良が推測される。

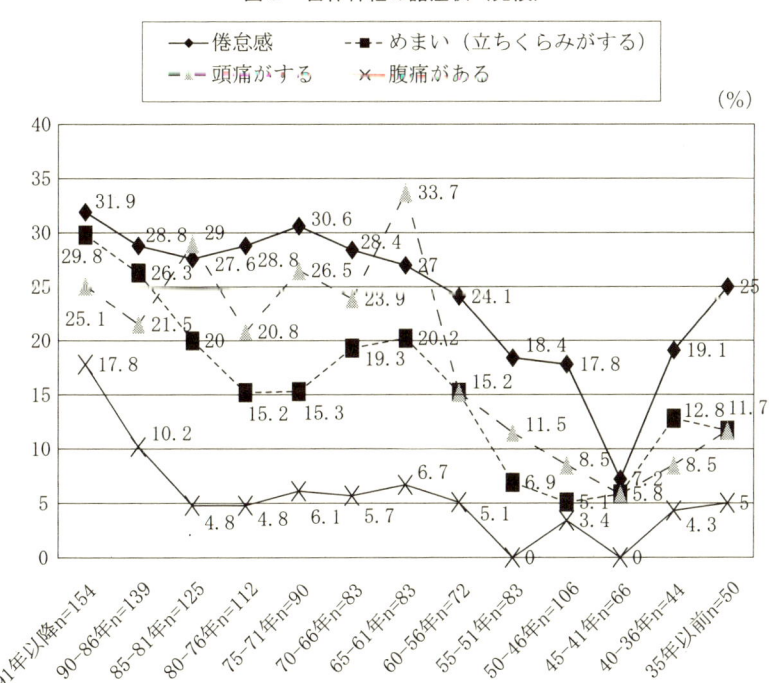

附　章　不登校・ひきこもり・アレルギーの要因と支援　181

図5　自律神経の諸症状（兆候）

━◆━ 倦怠感　　━■━ めまい（立ちくらみがする）
━▲━ 頭痛がする　━×━ 腹痛がある

(%)

年代	倦怠感	めまい	頭痛	腹痛
91年以降 n=154	31.9	29.8	25.1	17.8
90-86年 n=139	28.8	26.3	21.5	10.2
85-81年 n=125	29	20	27.6	4.8
80-76年 n=112	28.8	15.2	20.8	4.8
75-71年 n=90	30.6	15.3	26.5	6.1
70-66年 n=83	28.4	19.3	23.9	5.7
65-61年 n=83	27	20.2	33.7	6.7
60-56年 n=72	24.1	15.2		5.1
55-51年 n=83	18.4	6.9	11.5	0
50-46年 n=106	17.8	5.1	8.5	3.4
45-41年 n=66	7.7	5.8	5.1	0
40-36年 n=44	19.1	12.8	8.5	4.3
35年以前 n=50	25	11.7		5

注　2010年1,410名の男女を対象に平塚が調査した。

（4）子どもや大人のアレルギーがあると訴える者の兆候と現れ方

　アレルギーはすべての教育機関でワースト5にランクされていることが、『子どものからだと心　白書2010』の実感調査に現れている。その報告の中から、子どもたちの各ステージの"からだのおかしさ"の実感第1位をあげてみた。

表2　保育園・幼稚園で「最近増えている」という
"からだのおかしさ"の実感1位

年	保育所	年	幼稚園
1979	虫歯		
1990	アレルギー	1990	アレルギー
1995	アレルギー	1995	アレルギー
2000	すぐ「疲れた」と言う	2000	アレルギー
2005	皮膚がカサカサ	2005	アレルギー
2010	皮膚がカサカサ	2010	アレルギー

表3　小・中・高等学校で「最近増えている」という
"からだのおかしさ"の実感1位

年	小学校	中学校	高等学校
1978	背中ぐにゃ	朝礼でパタン	腰痛
1990	アレルギー	アレルギー	アレルギー
1995	アレルギー	アレルギー	アレルギー
2000	アレルギー	すぐ「疲れた」と言う アレルギー	アレルギー
2005	アレルギー	アレルギー	アレルギー
2010	アレルギー	アレルギー	首、肩のこり

（5）アレルギー体質と原因物質

　生体の免疫系において、主役は抗体である。抗体は自己と非自己を見きわめて、細菌やウイルスに対して防御機能を発揮する。しかし逆に、自己免疫疾患やアレルギーの原因ともなる。

　アレルギー体質があると訴える者は、図6のとおり、1932年出生では19.4％であった。47～43年では27％と増加して、67～63年では最多の値を示し42.3％と高く、87～83年では37.4％、その後は低下の傾向を示したものの、

2002～1992年には35.6％と高い値を維持している。

アレルギー体質を有している者のうち、環境物質が原因と訴える者では、1932年以前の出生者では6.5％であった。しかしながら47～43年では17.2％で、67～63年度では最多の値を示し29.2％と高く、その後は低下の傾向を示したものの、2002～1992年には23.1％と高い値を維持している。

図6　アレルギー体質があると訴える者と、そのうち原因は環境物質であると訴える者の比較と出生推移

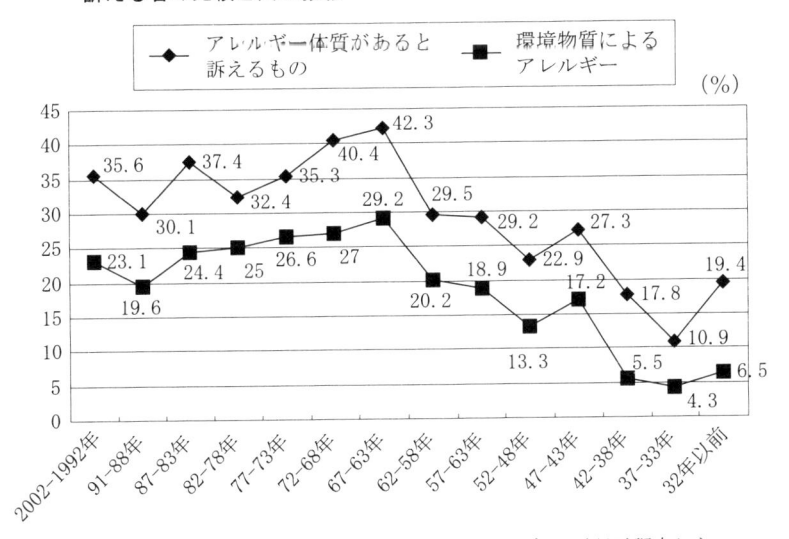

注　出生年代　2010年11月と12月に全国の男女を対象に平塚が調査した。
（N=2000　p<0.001）

（6）アレルギー体質がある者と"肩こり"の症状

「首・肩のこり」に関係する中枢の機能は"前頭葉機能"、"自律神経機能"とされ、この事象から予想される問題は不安感・緊張傾向があること・疲労感・体調不良とされる。

「肩こりの症状がある」者と「肩こりのない」者との関係において、「肩こりの症状がある」者の最多は、「アレルギー体質がある」者、次いで「体質はない」、最小は不明であった。

一方、「肩こりのない」者の最多は、「不明」・「体質」のない者で、次いでアレルギー体質のある者が低い値であった。

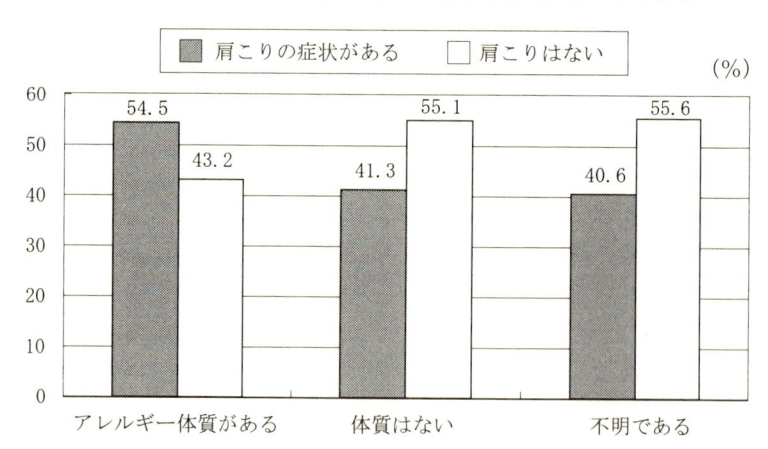

図7　アレルギー体質があると訴える者と、肩こりの症状

	アレルギー体質がある	体質はない	不明である
肩こりの症状がある	54.5	41.3	40.6
肩こりはない	43.2	55.1	55.6

(%)

注　2010年11月と12月に全国の2002年より1913年出生の男女を対象に平塚が調査した。(N=2000, p<0.001)

（7）アレルギー体質がある者と"集中力と記憶力が劣っている"症状

　集中力の欠如に関係する中枢は、前頭葉の機能と睡眠と覚醒の機能である。私たちの生命活動には物を見るときは光を必要とし、光によって媒介された像は網膜から入り、視神経を経て、最終的には大脳皮質の視覚野で像として認識される。ヒトのサーカディアンサイクル（身体日周期・体内時計）によって変動して、生態時計のずれを修正しつつ自律神経の交感神経と副交感神経の切り換えによって、生体活動のレベルを上下させる。光信号の影響を受けるのはセレトニン神経であり、この神経は興奮して脳を覚醒状態にさせる。

　図8に見るとおり、「集中力と記憶力が劣っている」者と「劣っていない」者との関係において、「集中力と記憶力が劣っている」者の最多は「アレルギー体質がある」者で、次いで「そのような体質のない」者と「不明である」者であった。

なお、副腎皮質ホルモンの血中濃度が高いと海馬が影響を受けて、記憶障害や痴呆におちいり、また、コルチゾールは免疫系にも抑制的に働き、免疫力を落とすことにもつながると考えられる。

図8 アレルギー体質がある者と"集中力と記憶力が劣っている"症状

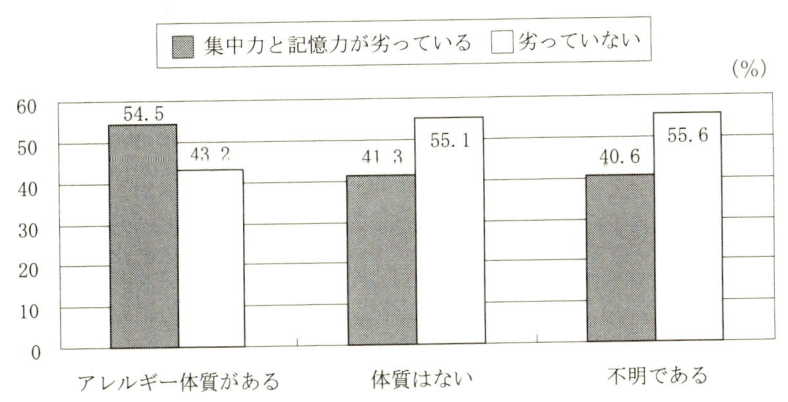

■ 集中力と記憶力が劣っている　□ 劣っていない

アレルギー体質がある：54.5／43.2
体質はない：41.3／55.1
不明である：40.6／55.6
（%）

注　2010年12月と11月に全国の男女を対象に平塚が調査した。（n=2000、p<0.05）

4．「ひきこもり」を支援することとは

　昭和20（1945）年8月15日正午、「玉音放送」により国民ははじめて降伏の事実を知った。この時の日本は物質的にも精神的にも荒廃し、混乱をきわめていた。人々は何よりもまず食を求めたが、食糧事情は敗戦とともにいっそう深刻で、一片の食を求める動物的生活を送る悲惨な状態であった。昭和30年代後半（1955年～1965年）は所得倍増、「国づくり」「人づくり」として重工業、化学工業、エネルギー産業を中心にめざましい発展をとげていった。そして社会保障制度や教育はそれに呼応して改変された。第2次世界大戦後の日本は、自由競争型経済に基づき1990年までは急成長していったが、その後経済は破綻し不況へと突入した。しかしながらそうした社会についていけない層は、社会的に疎外されるようになった。それらの層は、社会人では失職者や低所得者であり、青年層では職を得られない者、学生生徒層では、学

校の成績の良くない者や家庭的に問題のある者に多く、子どもたちは希望を失い、「不登校」・「ひきこもり」・「NEET」へと移行していった。

　ひきこもり期間は小学校から中学、高校、大学、成人期におよぶので、「ひきこもり」の支援は長期に及ぶ。

「ひきこもり」者は雪だるま式に、多様な症状や兆候を示しているので、早期にストレスサインをチェックする必要がある。

　支援の資源・支援方法は教育・就労・カウンセリング・医療・ソーシャルサービスである。

　支援の目的は、社会人として人間関係を円滑にできること、積極的に仕事に向かうことができる力を教育し、その社会力を蓄え、使用して社会に還元することである。

　アレルギーのうち症状別に見ると鼻炎が最も多く、アトピー性皮膚炎、喘息となっている。アレルギーの原因物質は薬物、食物、寒冷、ストレスよりも環境物質が最も多く、出生年代推移では若い年代層に多く認められる。このことから、アレルギーと自律神経系の機能の発達不全と不調が心配される。「不登校」「ひきこもり」の改善策には、日本の子どもの自律神経系を鍛える努力が必要であると考えられる。

参考文献
1）山田昌弘著『なぜ若者は保守化するか』東洋経済新報社、2009年12月
2）ジョック・ヤング、青木秀男他訳　『排除型社会——後期近代における犯罪・雇用・差異』洛北出版、2007年
3）有田秀穂著『脳からストレスを消す技術』サンマーク出版、2010年9月
4）子どものからだと心・連絡会議、『子どものからだと心　白書2010』
　2010年12月
5）竹中哲夫著『ひきこもり支援論——人とつながり、社会につなぐ道筋をつくる』明石書店、2010年7月

（平塚儒子）

> 終わりに

夢を持ちうる社会の構築に向けて

　希望とは絶望が深いほど希望期待は高まるとされる。ドイツのヒットラーがドイツ国民に「偽物の希望」を与えたのは、当時失業問題に苦しむドイツに対し彼が掲げた「ドイツの復興」という標語が、国民に対して大きな説得力を持ったからだとされる。

　2005年に、「小・中学生の頃になりたかった職業とその実現が達成されたか」という調査を私どもがした結果、71％の人が、具体的な将来就きたい職業の希望を持っていたものの、多くの人がその希望を実現していなかった。希望は実現困難であればあるほど、失望に終わる可能性が高くなる。希望は個人の心理や感情の一つとしてとらえられることが多いが、その希望自体がその置かれた社会環境によって影響される性質のものである。人にとって"やりがいのある幸せな人生を実現する力"を持つこと、すなわち希望を持つ習慣が重要であるが、集団的社会を保守しようとする日本社会では、創造性豊かな個性的行動はえてして排除される。そのことは、たとえば、経済不況にも現れており、その社会的な影響が個人の不満として鬱積するものの、個人的希望は抹消される。

　個人的不満の形成は、小さい子どもの頃の自らの体験や、自己企画の実現経験に関係が深い。そこでの失敗はその後の時代での人間関係にも大きな影響を及ぼす。日本人に見られる責任不在の集団主義的国民性は、学校生活や仕事における失敗を契機として人間関係に破綻をきたし、「引きこもり」状態を生みだしたことが、私どもの研究調査で現れている。

　各国の国民に現れる自国に対する不満調査について見ると（表1）、2003年の調査では日本人59.4％は、ドイツ65.7％に次いで高い不満保有率を示している。

表1. 自国社会への不満の経年変化
世界の青年との比較から見た日本の青年
(平成16年度調査より作成)

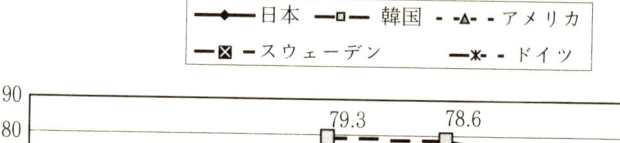

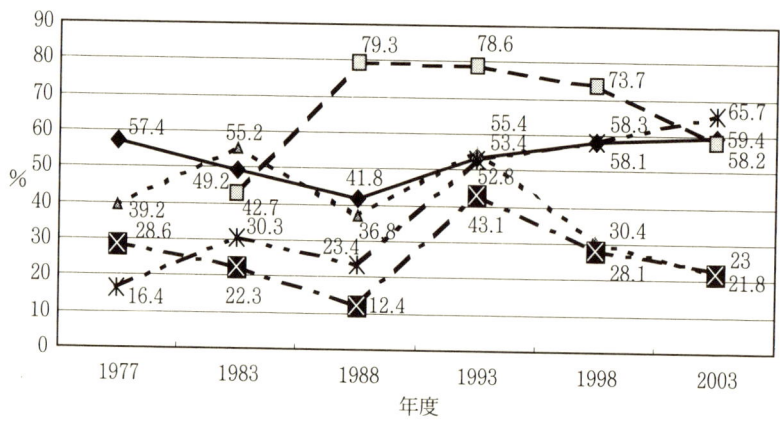

年度	日本	韓国	アメリカ	スウェーデン	ドイツ
1977	57.4		39.2	28.6	16.4
1983	49.2	42.7	55.2	22.3	30.3
1988	41.8	79.3	23.4	12.4	36.8
1993	53.4	78.6	55.4	43.1	52.8
1998	58.3	73.7	30.4	28.1	58.1
2003	59.4	58.2	23	21.8	65.7

　日本の場合、1988年にはその不満率が41.8％にいったん低下したが、93年、98年には53.4％、58.3％と上昇し、2003年には59.4％に上昇している。これは1974年には経済が戦後初のマイナス成長となり、1980年より83年は不況に入り、1986年より1991年はバブル景気となり、不満率が低下したものと考えられる。ところが1991年からは平成不況に入り、2000年には引きこもりが激増し、学級崩壊、中・高生の凶悪犯罪が現れるようになった。社会不安と個人不安は社会の経済状態と大きく連動し、経済不安が社会不安を生じさせる。そのとき、個の人権を無視した労働環境が強制される結果、個の不満はココロの中で増幅する。社会不安が渦巻く中で「何がその原因か、その中で自分のおかれている立場はどうか、自分の問題点は何であって、その難局をどう解決するか」について考える力をつけさせるのが教育である。迷いの場面にあって、感情コントロールできる能力を与えうるのが教育である。
　世界人権宣言には母子の保護・保障ならびに教育について、すべての人民

とすべての国とが達成すべき共通の基準として次のように定めている。

　第25条（二）母と子は、特別の保護と援助を受ける権利を有する。すべての児童は、嫡出子であるか否かにかかわりなく、同一の社会的保護を享受する。

　第26条（一）何人も教育を受ける権利を有する。教育は、少なくとも初等の、かつ基礎の過程では、無料でなくてはならない。初等教育は義務とする。専門教育と職業教育は、一般に利用しうるものでなくてはならない。また高等教育へのみちは、能力に応じて、すべてのものに平等に開放されていなくてはならない。（二）教育は人格の完全な発展と人権および基本的自由の尊重の強化を目的としなくてはならない。（後略）

　教育の根底に流れているものは「人への尊厳、人への愛」である。私どもは愛の実践を通じて喜びの輪、幸せの輪を広げてゆかねばならないだろう。

（巽　典之、平塚儒子）

監修・編者略歴

平塚　儒子（ひらつか・じゅこ）

1943年9月、大阪市生まれ。長崎純心大学大学院人間文化福祉学科博士前期課程、四天王寺国際仏教大学大学院人間福祉学博士後期課程修了。現在、帝塚山学院大学人間科学部教授。

執筆者紹介

平塚　儒子（ひらつか・じゅこ）　帝塚山学院大学人間科学部教授、
　第1章、第2章、第4章、第5章、附章

巽　典之（たつみ・のりゆき）　大阪市立大学名誉教授、第2章

寺井　さち子（てらい・さちこ）　神戸松蔭女子学院大学准教授、
　第3章

石井　守（いしい・まもる）　帝塚山学院大学人間科学部非常勤講師、
　第4章、附章

石井　拓児（いしい・たくじ）　名古屋大学教育学部、第4章

藤本　里子（ふじもと・さとこ）　帝塚山学院大学人間科学部、第4章

谷川　賀苗（たにがわ・かなえ）　帝塚山学院大学人間科学部准教授、
　第4章

子育て支援

2011年3月31日　第1版第1刷　定価＝2000円＋税

監修／編　平塚儒子　Ⓒ
発行人　相良景行
発行所　㈲時潮社

174-0063　東京都板橋区前野町4-62-15
電話　(03) 5915-9046
FAX　(03) 5970-4030
郵便振替　00190-7-741179　時潮社
URL http://www.jichosha.jp
E-mail kikaku@jichosha.jp

印刷・相良整版印刷　製本・武蔵製本

乱丁本・落丁本はお取り替えします。

ISBN978-4-7888-0660-3

時潮社の本

「社会的脱落層」とストレスサイン
青少年意識の国際的調査から
平塚儒子　著
Ａ５判・上製箱入り・184頁・2800円（税別）

何が、「社会的脱落青年層」を生み出しているのか？　世界７カ国で実施したストレスサイン調査により、日本の青年の深刻さを析出した著者の研究成果は、国の今後の青少年対策に多くの示唆をあたえている。

難病患者福祉の形成
膠原病系疾患患者を通して
堀内啓子　著
Ａ５判・上製・222頁・3500円（税別）

膠原病など難病患者を暖かいまなざしで見つめ続けてきた著者が、難病患者運動の歴史と実践を振り返り、今日の難病対策の問題点を明確にし、今後の難病対策のあり方について整理し、新たな難病患者福祉形成の必要性を提起する。一番ヶ瀬康子推薦。『社会福祉研究』（07.7、第99号）で書評。

保育と女性就業の都市空間構造
スウェーデン、アメリカ、日本の国際比較
田中恭子　著
Ａ５判・上製・256頁・定価3800円（税別）

地理学的方法を駆使して行った国際比較研究で得た知見に基づいて、著者はこう政策提言する、「少子化克服の鍵は、保育と女性就業が両立し得る地域社会システムの構築にある」と。『経済』『人口学研究』等書評多数。

現代福祉学入門
杉山博昭　編著
Ａ５判・並製・280頁・定価2800円（税別）

社会福祉士の新カリキュラム「現代社会と福祉」に対応し、専門知識の必要な保育士、介護関係者にもおすすめしたい社会福祉学入門書。本書は「資格のための教科書」の限界を越えて、市民から見た社会福祉をトータルに平易に説いている。